时髦避世

遇见最美设计酒店

最佳设计酒店编辑部　编著

2018

BEST DESIGN

HOTELS

中信出版集团 · 北京

图书在版编目（CIP）数据

时髦避世：遇见最美设计酒店 / 最佳设计酒店编辑部编著. -- 北京：中信出版社，2018.3

ISBN 978-7-5086-8552-6

Ⅰ. ①时… Ⅱ. ①最… Ⅲ. ①饭店—介绍—世界 Ⅳ. ①F719.3

中国版本图书馆 CIP 数据核字 (2018) 第 006785 号

时髦避世：遇见最美设计酒店

编　　著：最佳设计酒店编辑部
总　　编：李　俊　　作　　者：施东石　黄凯云　范嘉懿等
摄　　影：吴　瑕　　装帧设计：裴长杰

出版发行：中信出版集团股份有限公司
（北京市朝阳区惠新东街甲 4 号富盛大厦 2 座　邮编　100029）
承 印 者：北京利丰雅高长城印刷有限公司

开　　本：787mm×1092mm　1/16　　印　　张：15.75　　字　　数：210 千字
版　　次：2018 年 3 月第 1 版　　印　　次：2018 年 3 月第 1 次印刷
广告经营许可证：京朝工商广字第 8087 号
书　　号：ISBN 978-7-5086-8552-6
定　　价：198.00 元

序言

6 年前，我的同事文林写过一本书叫《那些我睡过的床》。当时，我们一边开玩笑说他挑床，一边默默地都买了那本书。

他属于国内最早的一批时尚生活类编辑，在《外滩画报》的专栏里分享自己住过的酒店，喜欢吃的馆子。他对设计酒店有种偏执的热爱和审美要求，而且每次都很认真地说："这都是我自己花钱去住的。"

这是一种生活态度。认真地挑选每一张床，花很多精力去选择每一个旅行中小憩的细节，用无印良品的肥皂手洗衣物。也是从 10 多年前开始，"外滩" 就有专门的专栏，来推荐国内外最好的精品设计酒店。这么多年过去之后，媒体也从传统纸媒时代进入到数字时代，热爱精品设计酒店的人越来越多。

过去很长一段时间里，这可能是个小众品味。现在，它越来越变成了时髦，也成了"千禧一代" 热衷追求的个性。

庆幸的是，我们还在做同样的事情，用最挑剔的眼光和经验，为大家寻找本年度最美好的酒店。这也是第六本设计酒店年度精选书，收藏这系列书的很多都是"大佬级" 的人物，就不一一炫耀了。

办公室里的年轻人基本上都在出差，不是在去酒店的路上，就是在酒店的床上敲键盘……认真生活，努力工作，享受当下，这让他们的爱好和职业素养得以共同生长。

时髦避世不仅仅讲述酒店，也推崇它带来的生活方式——迎着潮流的方向，我们诚实地面对自己的内心。

CONTENTS

序言 003

杨明洁：创新是件痛苦的事情 010
叶咏湘：行走都市的太极侠女 014

小而美 019

罗莱夏朵·杭州紫萱度假村 020
溧阳天目湖 WEI 酒店 024
南浔花间堂·求恕里 028
上海 The Drama 戏剧主题酒店 030
建水维笙和院 034
大理既下山·拾山房 038
大研安缦 042
千里走单骑·雪山庄园 046
简象酒店 050

时髦都市 055

上海外滩 W 酒店 056
上海静安瑞吉酒店 060
苏州 W 酒店 064

新国贸饭店 068
成都尼依格罗酒店 072
重庆尼依格罗酒店 076
成都华尔道夫酒店 080
长沙瑞吉酒店 084
GORALSKA HOTEL PARIS BASTILLE 088
HOTEL NATIONAL DES ARTS & METIERS 092
The Murray 096
Palazzo Versace Dubai 100

世外之境 105

朱家角安麓 106
绍兴兰亭安麓 110
千岛湖安麓 114
阿丽拉阳朔糖舍 118
杭州所见·西溪度假酒店 122
南京颐和扬子饭店 126
松赞拉萨曲吉林卡 130
松赞丽江林卡 134
丽江墅家玉庐·雪嵩院 138
Velaa 私人岛酒店 142

普吉岛迈考安纳塔拉度假村 148

年度甄选 153

养云安缦 154
北京宝格丽酒店 158
上海苏宁宝丽嘉酒店 162
上海建业里嘉佩乐酒店 166
三亚保利瑰丽酒店 170
特瑞萨拉 176
Palazzo Venart 云水之都 180
巴黎瑰丽酒店 184

张娜：与众不同是一件特别平凡的事情 188
祝铭明 Misa：做木工机车就是跟自己独处 192

舌尖上的设计酒店·最佳酒店餐厅篇 197
感知一切内在·最佳酒店水疗篇 211
最惬不过汤泉水·最佳温泉酒店篇 227
最珍贵的时光·最佳亲子酒店篇 241

以推荐指数分类

行业大师的经典、精华之作，

设计感与舒适度都堪称完美！

由知名设计师打造，值得长途跋涉专程前往

酒店本身就可以满足旅行的所有需求！

设计感与舒适度表现突出，

不容错过！

具有鲜明的个性，富有设计感，

推荐尝试！

设施及服务

餐厅	健身房
泳池	会议室
SPA 水疗	宴会厅
P 停车	

刘孜 演员

我跟很多人不一样，进酒店就会注意细节，水龙头是什么材质、疏散图在哪里、哪些是设计师产品……

“演员的多数时间都是在片场度过的，离开片场就没有安全感。 开始做设计之后的转变是一个深度的过程，把自己关起来，与众不同的你要对世界说话了。和表演那些写好的角色相比，这刚好是‘一开一阖’，让我找到了一种平衡方式，不会孤独，也不再焦虑。现在，我会很放松地面对我的演艺、设计生涯。”

赵耕乾 多彩投CEO（首席执行官）

我身边很多朋友，都有开一个酒店的情怀梦想。选择去住特别的酒店，正在成为一种生活方式，甚至天天发生在你的朋友圈里。

“精品级的设计酒店和星级酒店相比，往往需要更多年的心血打造，也无标准可循，也因此无法符合一般的投资逻辑，让用户获得独特的体验是他们唯一追求的。只有他们最爱也最爱他们的那批人，才能成为他们的投资人。”

黄英 旅美女高音歌唱家

我的生活就是在路上，虽然名义上在纽约住18年了，但是有三分之二的时间，我都一直都在全世界各地旅行。

“我经常在欧洲出差，选择酒店地点是最重要的。因为地段好，就意味着很安全，这对于对女性是第一位的。 它是不是五星级酒店没关系，现在欧洲有很多有特色的小酒店，它们的服务、设备都很好，装饰也更有特点。比如在巴黎，我就住过一条小街上一家小小的酒店，它靠近塞纳河、法国美术馆，有非常巴黎风格的家具，老但是有味道，且管理非常得体，会让你很舒服。”

吴晓波 财经文化人

我一直在关注中国新中产阶层，以及相关的消费升级，酒店也在其中。而且，我自己也还参与投资了。

“酒店行业和消费升级有关，涉及的是人的审美趣味，我自己会住，也小小地投资了酒店。分时度假、近郊旅游是趋势，大家在旅游上的花费会增加，对品质的要求会变高。旅游本地化的特点还是很明显，这让设计师和酒店主人的个人创新空间、个人审美空间，会比别的标品更大，这是典型的非标行业。”

杨明洁

作者：邹雯敏
摄影：吴瑕

"好东西很难廉价，因为我们需要花时间去设计、去制造。"

创新是件痛苦的事情

YANG DESIGN 创始人

在刚刚完成的羊舍，杨明洁坐在由他设计的海绵椅上。一旁是他用纸伞工艺创作的“竹之光”落地灯。背后是一派苏州园林山水。有走廊、有树、有青苔，还有做旧的墙柱、木椅。唯独假山石，被大片新材料“Y 支架”布满，白色一片。

他想表现传统与未来、虚拟与真实之间的关系。回想起我刚踏进羊舍时的感受，确实是有一种超现实的未来感。过去两年，杨明洁都在琢磨羊舍，建完拆掉，再建再拆。他喜欢到现场设计，连图纸都没有，施工团队看到他这样，没被吓跑反而觉得很有意思，配合着反复修改。对此，他说是因为自己有“强迫症”。而我在跟他相处 2 小时后，很认同他对自己的总结。

去羊舍那天，苏州很冷。摄影师王小白给杨明洁选了两个拍摄点，一个是温暖的室内博物馆，另一个是山水前的空地，风呼呼地吹。杨明洁问：“哪个位置的打光最好看？”于是他就选了最冷的一块地。录制时，他还得换上三宅一生经典的皱褶衬衫，穿得很薄。选点后，他反复去摄像机前面看，“不把这两根柱子拍进去是否会更好。”随后化妆时，杨明洁也不时地说，“帮我打一点轮廓，上镜可以瘦一点。”逗乐了一旁围观的同事们。你或许会认为杨明洁的“偶像包袱”很重。但在我眼里，这是敬业。他在镜头前的状态，我根本不需要操心，一次就过。当然，他的强迫症在设计上只会表现更甚。“即便是小物品，我都希望达到让我舒服的状态，反复去调整、摆放，甚至擦灰。”

如今杨明洁已是国内当红的工业设计师。他有自己的设计公司 YANG DESIGN，有自己的私人工业设计博物馆，也有生活方式品牌“羊舍”。获奖更是司空见惯，德国 iF 奖、红点奖、日本 G-MARK 奖等设计大奖都收入囊中。而“羊舍”不过是他众多尝试里的一个。

这家酒店只有 2 间房，除了餐厅，还有一个小型博物馆。里面的藏品大多出身“草根”，却真实记录了一段段手工造物的历史：蓑衣、斗笠、竹伞、缝纫机……全都是杨明洁趁着出差时一箱箱带回来的。“他的衣服、鞋子都是从意大利和德国的手工作坊买来的。”酒店的员工说，杨明洁很喜欢收藏，常跑去各地的跳蚤市场。一方面收藏大量老物件，另一方面在传统工艺之上做着新尝试，杨明洁并不感到这二者之间冲突。

他认为，收藏的过程是梳理历史的过程。身为设计师的杨明洁，常常面临一个窘境：经历了近现代工业设计曾经断层的中国，很多设计都是“山寨”。这也促使他超越狭义的设计师身份，从更开阔的层面思考什么才是中国设计，也是他创立“羊舍”的原因。

“我希望借由这一品牌，舍弃喧嚣、浮夸的表面，发现器物诞生后的逻辑，去创造一种新的生活方式和美学价值，探索中国设计。”德国工业设计逻辑，加上中国的人文美学，杨明洁的设计远是机器造物所无法企及的。这或许体现在羊舍，或许是庭院，或许只是一把椅子。

编辑部：你被称作中国最当红的工业设计师，横扫了国际设计大奖。怎么看这些耀眼的标签？

杨明洁：公众认可我，我当然开心，没有必要虚伪地说无所谓。但我个人觉得这些标签并不是最重要的。设计师最重要的东西永远是作品，不管是国际大牌设计师还是草根设计师，不管是男是女，所有的一切都取决于你的作品。

编辑部：你在设计过程中，觉得什么最困难？

杨明洁：地域和时代不同了，我想做一些新的东西，但我不想重复、抄袭。新的东西到底是什么，我没有任何参照物，创新是一件很辛苦、很痛苦的事情，加上我有强迫症。就像我们做跟传统有关的设计时，往往最容易想到的也是表面、符号化的东西。

编辑部：为什么想要做博物馆？

杨明洁：中国有很多历史悠久的工艺，但当我从世界各地收藏物品后，按类别摆开，才发现真正诞生于近代中国的工业品非常少。这就造成了产业上、文化上的断代，当然也包括设计上的断代。

这个断代的结果就是在改革开放初期，中国大部分的企业所做的都是代工，而副产品

▲
录制时，他还得换上三宅一生经典的皱褶衬衫，穿得很薄

就是“山寨”，习惯廉价。但是好东西很难廉价，因为我们需要花时间去设计、去制造。这样的断代导致中国的审美出现了断层，体现在影视、设计、建筑等方面，表现为很多让人无法理解、很丑陋的东西充斥着我们的眼球。这一点促使我去做这件事。

编辑部：不工作时，你平时喜欢做什么？

杨明洁：收集旧物，这是我最大的一个爱好。确切地讲，我很喜欢总结。不管是别的现象，还是发生在我自己身上的现象，我很喜欢研究背后的逻辑是什么。这是我的天性之一，我对于未知世界感到好奇，想去探索。不管去到国内外任何一个城市，我都要去寻找当地独一无二的东西——藏有工业文明的博物馆，以及当地设计师的一些设计品店等。

编辑部：羊舍是一个生活方式品牌，你本人的生活理念是什么？

杨明洁：就是简单。我尽量把自己的生活变得简单，把自己头脑变简单。就像互联网，我们对着手机天天“刷”，90% 的信息是没有意义的，有很多更有意义的事情需要去做。从羊舍来讲，“舍”的意思是说，舍弃后留下的是美。我希望去舍弃喧嚣、浮夸的表面，舍弃符号化的东西。去创造一种新的生活方式，新的美学价值，羊舍是秉持这个理念去做的。

叶泳湘

作者：邹嘉彤

摄影：吴瑕

推广太极文化，并不是要教一个两个人，而是要让从业者受到社会尊重。

行走都市的太极侠女

杨式太极第六代传人

叶泳湘更像从古代穿越到现代行走都市的侠女。

她喜欢穿中式长衣裙，她的太极馆就在上海最热闹的徐家汇几幢高楼之一里。虽然身居高楼，但是她照样把这里布置成古香古色的都市桃源，高大挺拔的绿色植物、讲究的茶具、中式桌椅，以及挂在角落里的七八件中式长衫。

这里是她和徒弟们平常一起练太极的地方。楼上的错层就是她的小闺房，布置得精巧细致，有很多女生钟爱的时髦物品，她自己也住在这里。不练太极的时候，她穿大 V 领的时髦衣服，化淡妆，拎名牌包，喜欢自拍……跟这座城市里其他有品位又精致的美丽女人一样，纵情享受这座城市的现代感。时髦都市生活，和她的太极事业，形成了微妙的联结。她也迅速俘获、影响了大批年轻人，让他们开始重新认知传统文化。

叶泳湘出身军人世家，母亲是杨氏太极第 5 代传人，也是她在太极之路上的启蒙老师。和大多数从小学琴、练书法的人一样，她 3 岁便开始跟着母亲练基本功。打坐、扎马步、摆定式，一练就是一天，周而复始。听上去很是枯燥，泳湘却学得不亦乐乎，把一招一式当作是一种生活日常。

8 岁，她在上海精武训练馆学习少林基本功。那阵子没少听母亲讲些类似于“内开外合，力从根发，以意领劲”的技法。可年幼的泳湘哪里能完全明白个中真意？常常比画半天都不熟练，为此也挨了不少打。“那个时候性子犟，非要练好，所以咬咬牙，多练，多思考一阵子，也就过来了。你别看我现在长这样，小时候的我很像男孩子的。”泳湘笑道。因为每天都要拿出足够的时间练拳，她没有太多的娱乐活动。

家里藏的书从《古文观止》到《道德经》，泳湘读起来都有模有样。彼时还未能体味其

中内涵，但这些后来都滋养了她的太极之道。

在跟着母亲练习掌法、切磋技艺的过程中，她早早便精通了杨氏传统太极的精妙。在第十二届香港国际武术节上，一举斩获香港传统杨氏太极拳、太极刀、太极剑三大奖项金牌。

在很长一段时间里，她都在寻找属于自己的出路。“培养一个好的太极人已经很不容易了，但如果从业者得不到社会的认可，太极人无法生存，那么教学再精进也没有意义。所以，推广太极文化，并不是要教一个两个人，而是要让从业者受到社会尊重。”这是泳湘现在正在探索的事情。

她形容自己是江面上的一叶舟，正如她的名字“叶泳湘”一样。“一开始你不知道能不能游过这条江，你唯一知道的是，此岸已经没有生机了，那就去对岸看一看吧。”其实，这个在外人看来不食人间烟火的“太极仙子”，私下里也会和普通女孩一样，在意自己在镜头前的样子，喜欢自拍，喜欢生活中一切关于美的东西。在社交媒体上，她有一大批忠实的粉丝。

▲
一开始你不知道能不能游过这条江，你唯一知道的是，此岸已经没有生机了，那就去对岸看一看吧

▲
谈论起酒店的时候，叶泳湘更是滔滔不绝，眉宇间神采飞扬，透露着喜悦的心情

谈论起酒店的时候，叶泳湘更是滔滔不绝，眉宇间神采飞扬，透露着喜悦的心情。“生活家这个词真是太好了!”其实，她是个“酒店控”，国内但凡有名气的精品设计酒店，她基本都住过。“如果度蜜月，我会选择去塞舌尔海岛住酒店，一定要选最美的。”她说。2018 年 1 月，她也将在英国举行婚礼。

《一代宗师》中，宫二说武功有三个境界：见自己、见世间、见众生。我问泳湘，现在到哪个阶段了？她笑说：“其实，真正在里面的人是感受不到的，反而是等你过了那个阶段回过头看，才发现自己不知不觉已经走到了另一个地方。”

“至于如何评判自己，交给后来人吧。”

小而美

为了保持更好的出品和质量
他们的房间数量不多
但用精心的设计带来了无限惊喜

它们虽小，但五脏俱全，且有更鲜明的个性

因此成为了众多酒店爱好者的首选
热度不减

◎罗莱夏朵 · 杭州紫萱度假村　◎溧阳天目湖 WEI 酒店　◎南浔花间堂 · 求恕里
◎上海 The Drama 戏剧主题酒店　◎建水维笙和院　◎大理既下山 · 拾山房
◎大研安缦　◎千里走单骑 · 雪山庄园　◎简象酒店

罗莱夏朵·杭州紫萱度假村
推荐指数
值得专程前往
①七幢别墅深藏隐世度假哲学
②身处西湖景区三台梦迹
③三家城中顶级餐厅坐镇

隐世西湖店顶级料理

只有 7 栋别墅的紫萱是西湖边的一株青莲，与世无争，这一趟只关风月

通往八盘岭 1 号的路很幽静，两边绿树成荫，好像是在告诉来者：你已身处西湖景区。紫萱度假村既是一家酒店，也是西湖著名景点“三台梦迹”的重要组成部分。门头不显眼，就连本地的士师傅也常常会错过。行楷书写的酒店名称旁边是罗莱夏朵的标志，看见它觉得分外亲切。紫萱只有 7 栋别墅，因此又名 Seven Villas。到此地时，穿着灰色中装制服的管家早已在门口等候。

酒店如同一个偌大的江南园林，小桥流水青石板，别有意境。有意思的是，景观设计中融合了日式风情，中式设计搭配枯山水院落完全不显突兀。园林中央还有一座莲花池，到了入夜时分，池中央会燃起熊熊火焰，煞是好看。7 栋别墅，共有 9 间客房，其中倚岚阁和问樵处是两栋独立别墅。

紫萱精舍 503 号，是酒店里唯一的日式套房。房卡上的标志是一个林字上叠着一个水字，寓意林中有水。房间自带一个玻璃景观小院，所有家具全部选用花梨木。木栅栏隔断玄关和起居室，设计非常新颖。窗外的阳光透过格栅，光影洒在地板上，灵动非凡。客房面积很大，正中央是榻榻米。一侧是长书桌，另一侧则是沙发休息区，功能性很强。房内没有电视机，但是桌子上摆放着精心挑选的书籍和 Marshall 的音箱，完全符合日本的隐世哲学。唯一会让你感到不安的是，床头没有充电的插座，不过这是夜间远离手机的好机会。现代人应该学着如何放下手机，全身心投入到生活和休息中去。

房中最别致的要数贴有马赛克砖的下沉式浴缸，正对着木栅栏窗子外的日式庭院。如果需要泡澡的话，可以随时叫管家前来放水、调节温度。还有 Duravit 的陶瓷浴缸，

▲
温暖的客房风格中带有现代极简韵味

▶
酒店工作人员使用了全套日式服务

▼
浴缸正对着木栅栏窗子外的日式庭院

Villeroy & Boch 的洗手台，品质非常高，可以看出酒店主人的用心。每间客房都会配备管家，悉心照料你的生活起居，为你提供制订出游路线、预订《印象西湖》门票、夜间引路等贴心的服务，随叫随到。

加入罗莱夏朵联盟不久的紫萱，却是做餐饮起家。仅有 7 栋别墅的紫萱，却拥有杭州城内 3 家顶级餐厅。入住酒店的朋友绝对能大饱口福。先说声名远扬的解香楼，这也是酒店最早开始运营的一部分。作为运营 11 年有余的老牌杭帮菜餐厅，解香楼在杭州城中绝对是数一数二，需要提前预订。餐厅的客人不少都是回头客，吃过一次就很难忘怀，杭州城有名的文火小牛肉和野菜石榴包就是缘起解香楼。菜单每个月都会由主厨进行微调，推出特色时令菜。三啖阁是法式餐厅，主要特色是精致的法式创意料理搭配民国风的餐厅装饰。尤其是晚宴菜单，一定要尝试一下，主厨对食材的运用耗费了不少心思，无论是口味还是摆盘，都经得起推敲。拥有日式套房，自然少不了日式餐厅。酒店内的曼殊是杭州城中最贵的怀石料理餐厅。来自东京的料理长井上洋一先生，将 40 年的经验融汇到食材的创作之中，给食客带来惊喜。

由于酒店身处西湖风景区腹地，周围有花港观鱼、曲院风荷等著名景点，就连马云的湖畔大学也在酒店不远处，步行即可到达。所以，不妨向酒店租借一辆自行车，去附近骑行，发现美好。在紫萱，烦躁的心很容易沉静下来，大隐隐于市，莫过于此。

▶ 桌上放着精心挑选的书籍与音箱，符合日本隐世哲学

扫码预订

SPA

酒店地址：浙江省杭州市西湖区八盘岭路1号
预订电话：0571－88867888
参考价格：约3500元/晚起

溧阳天目湖[illegible]酒店

推荐指数
目的地首选

①小而美的精致体验
②客房使用面积宽敞
③天目湖特色餐饮

小而美惊艳了天目湖

如果不是亲身前往，很难想象在天目湖畔隐藏着一家如此精致低调的度假酒店，如同一株青莲，遗世而独立

车子绕进天目湖景区蜿蜒的小道，一座偌大的庭院就出现在眼前，WEI 的精致标志也进入了视线。一片白墙黛瓦中，微微向上的屋檐，和江南水乡的竹影相映成趣，别有情调。这些室外建筑设计，出自美国 AA 公司之手。酒店名 WEI 取自创始人魏先生的姓。每个字母分别代表了酒店所营造的温暖（W）、优雅（E）与启迪心灵（I）的氛围，也寓意着在奢华的酒店氛围中融入独特的东方元素。

怀着做国内最好的精品酒店的梦想，魏先生在酒店的建设和后期运营中耗费心血，亲力亲为。酒店大厅正中央是 13 米挑高的天目 Lounge，设有全景落地玻璃窗，正对酒店的无边际景观水池和天目湖，目之所及处没有任何建筑物遮挡，视线非常开阔。从侧边的一扇小门，可以直接通往室外。沿着中央景观水池往下走，是酒店的室外泳池。除了躺椅、休息凉亭外，泳池边还建有湖畔走道，非常适合饭后散步，欣赏夕阳。

酒店只有 35 间客房，却占地 8000 多平方米，最小的客房面积也有 51 平方米。每间房都挑高 3 米，卫生空间与起居室用栅栏式实木板隔断，整体居住体验令人神清气爽。操刀客房室内设计的是 CCD 郑中设计事务所，采用的是简约新中式风格，融入了不少东方元素，功能性极强。

从室内装饰上可见酒店主人用心，印有细小花纹的墙布代替了常见的墙纸，柜子全部采用胡桃实木材料，房间设置了适合江浙春秋天气的纱窗……客房里安装了先进的 HOTEZA 酒店系统，通过 iPad 可以操作灯光等所有设施。

▲

宽敞的起居空间连通私人庭院

▶

WEI 酒店的标志与绿植相映成趣

▼

酒店茶室一角

▲
露天庭院私享的按摩浴缸

御味轩中餐厅供应正宗的溧阳农家菜。招牌菜天目湖鱼头汤醇鲜入味，加上秘制调料，余味悠长。地下一层的健身房屋顶玻璃设计使得阳光能够倾泻而下，光线折射的纹理投影在实木地板上，呈现出的视觉效果犹如梦境。

五行水疗从“金木水火土”概念中汲取灵感，水疗室设有恒温泡池。耗巨资建造的影音室，是一个小型的豪华影院，可以躺在全自动真皮沙发椅上观看影片，使用 iPad 自助点播，观影体验私密舒适。

国内中小型精品酒店层出的今天，品质成为了至关重要的一部分。WEI 的用心与认真，足以让人感受到设计酒店业的蓬勃成长。

扫 码 预 订

SPA P

酒店地址：江苏省溧阳市天目湖旅游度假区菩提路8号
预订电话：0519－87166888
房间数量：35间
参考价格：约2588元/晚起

南浔花间堂·求恕里

推荐指数

目的地首选

①地处江南六大古镇之一

②民国藏书家刘承干别墅修缮

③与运河古迹旧址相邻

江南雅韵生活

当地有句名言，“湖州一个城，不抵南浔一个镇”

从高铁站出发仅 10 分钟的车程，便到达了这座古镇。还未走完一条冗长的南浔运河，便看见一栋墙壁斑驳的民国老宅。求恕里曾是嘉业堂藏书楼主人刘承干的别墅，在 1930 年为了适应藏书楼的整理需求所建，也成了他和家人小住的居所。

花间堂历时三年对老宅加以修缮升华，打造了 26 间客房。以原有格局设计改造，同时不破坏这座典型的中西合璧建筑的整体。整体设计以“藏”为主旨，副厅名为“顶天立地”的双侧大藏书柜完美诠释了主人的低调淡泊。

内部设计以江南的蚕丝为灵感，房间的台灯、餐厅的吊顶都是用一段段丝线缠绕而成。房间依据江南特色布置成红、蓝、绿三种颜色。不论是观摩丝绸画作，还是抚摸木质扶梯上有年代的花纹，或是在花园里的老戏台边徘徊，都有梦回江南的情味。

▶

自 1930 年以来未曾改动的别墅房檐

扫 码 预 订

酒店地址：浙江省湖州市南浔区南浔镇南西街 109 号

预订电话：0572-3786000

参考价格：约 680 元 / 晚起

上海 The Drama 戏剧主题酒店

推荐指数
值得专程前往

①浸入式戏剧体验
②提供《不眠之夜》VIP订票服务
③半露天的玻璃房餐吧

麦克白的不眠之夜

在纸质书渐渐衰落的年代，一杯威士忌，一本《麦克白》，才是一种真正的奢侈

浸入式戏剧《不眠之夜》在上海开演已过半年，无数剧迷和游客在这半年间不断涌入北京西路 1013 号梦幻般的“麦金侬酒店”。但只能看剧不能入住，令不少人扼腕叹息。

而就在它的隔壁，一家真正的浸入式戏剧主题酒店 The Drama 悄然出现。红色与黄色搭配，强烈的色彩撞击让人一秒钟入戏。随着感应门缓缓打开，映入眼帘的是炫目的灯光，以及金属吊灯和大理石地砖。

入口处的右手边，装饰有一面巨大的荧屏，播放着有关酒店的视频。等候区摆放着一些舞台道具。为了让住客能够迅速入戏，私人管家会递上一个精致的面具。房卡上写有十四行诗，或是莎翁剧的经典台词。拿着卡片和面具，探险之旅就此拉开帷幕——酒店没有房号，寻找客房的唯一线索在房卡之上。客房主题各不相同，灵感源自莎士比亚的戏剧。所以，你会选择“麦克白”还是“罗密欧与朱丽叶”？客房名字经过小处理，投射出的字母倒映在墙上。

室内空间设计师 Roy Huang 来自台湾。作为一名青年设计师，他曾获德国 iF 设计奖、日本 GDA 设计奖、美国 IDEA 设计奖等多项全球大奖。在遵循《不眠之夜》戏剧氛围的基础上，Roy Huang 考虑到舒适度，对客房进行了精心的设计。翻开桌面是梳妆台，床头的花艺用来掩盖过强的灯光，整个空间营造出神秘而柔和的戏剧效果。

在半露天玻璃餐厅可以偶遇《不眠之夜》的主演。室外区域由玻璃覆盖，夜晚灯光折射在顶部，就像一整片灿烂的星空。

▼

客房舒适且有神秘而柔和的戏剧效果

▲

折射灯光的半露天玻璃餐厅

工作人员并非专业酒店管理出身：例如总经理曾在美国学习戏剧专业，对戏剧和文学有着极高的热情和独到的见解；每一位管家都曾观摩过《不眠之夜》，带着自己的想法为客人提供最神秘的戏剧主题服务。

酒店所隶属的业朵集团，特别成立了挑选图书的团队，为书吧进行书籍挑选工作。书籍涉猎很广：从披头士的传记到东野圭吾的小说，从莎士比亚的戏剧到周云蓬的随笔……在纸质书渐渐衰落的年代，一杯威士忌，一本《麦克白》，才是一种真正的奢侈。

▶
还原《不眠之夜》场景的复古公共空间

扫码预订

📍 酒店地址：上海市静安区北京西路1013号尚演谷南楼
☎ 预订电话：021-62586001
💰 参考价格：1588元/晚起

建水维笙和院

推荐指数

目的地首选

①中国现存最大的剑川木雕群

②大厨独家秘制的云南美食

③一进三院的清代民居特色

寻味舌尖上的滇南

庭院深深，藏着中国最大的剑川木雕群；小城一夜，探寻舌尖上的云南美味

建水——千年古镇临安府，位于红河哈尼族彝族自治州，距离昆明市区大约4小时车程。维笙和院紧邻建水古城，黑色木雕和白色墙面的外观建筑群，安静地坐落在广慈湖畔。到达时，维笙管家早已在停车场等候，还准备了传统的洗礼仪式，寓意洗去风尘。

酒店整体是一进三院的清代民居。壹号院名叫醉花阴，取自宋代词人毛滂的词："人在翠阴中，欲觅残春，春在屏风曲。"院子里小桥流水，种植着苍翠的松柏，别有韵味。院子里有一口三眼井，分别代表天地人。建水以井水文化闻名，无论是茶还是饭，因为有了自然甘甜的井水，口感自然变得与众不同。

贰号院取名定风波，有平定风波之意。同时它也是整座院落的中心庭院，在风水布局上有藏风、聚气、得水的讲究。院子中心的鱼池，饲养着几十尾日本锦鲤，形色各异，其中年龄最大的已经七岁。因为这些可爱的锦鲤，整座院子都充满了灵动的气息。再往里走，是叁号院瑶台曲，因为院子里有座戏台而得名。在这里，非物质文化遗产建水小调会不定期上演，独具当地特色。连接壹号院和贰号院的是嘉木堂茶室。每一座庭院的木雕大门同时敞开，这在古时候寓意着大户人家的姐妹要多交流，彼此呵护。

木雕是酒店的最大特色。从香格里拉而来的208棵原木，每棵长度达12米，贯穿三个楼层。原木砍伐自冬季，木质坚实，因此具备良好的抗震防虫效果。木雕工艺精美细致，雕花工期达10年之久。和院里所有的木雕都由剑川木雕大师李木匠的徒弟施继芳师傅和其他工匠手工打造，最后用清水漆上色，能起到很好的防蛀作用。院内所有的木雕图案没有重复，牡丹、九龙、兰草、凤凰等栩栩如生，让人忍不住驻足细细观赏。

▼
面朝庭院水系的剑川木雕建筑群

▲
嘉木堂茶室的门户常开，引自然风景入内

工作人员用本地甘甜井水手工冲泡茶叶

院内的设计不乏小心思，比如廊道里设置的铜管，在下雨天的时候，可以避免过大的雨点声惊扰到休息的客人。而青石板四周的低落处，又可以在云南的雨季减少地面积水。

《舌尖上的中国》和《十二道锋味》剧组千里迢迢来到建水，就是为了寻找那一块原汁原味的烧豆腐。为了让住客更方便地品尝烧豆腐，酒店在瑶台曲架起了烧烤台，人们围坐在一起，看阿姐烤豆腐，一边天南海北地聊天。酒店的餐饮因为有孙武大厨坐镇，每一道都堪称绝味。和院主打私房特色菜，野生莲藕、青头菌、鸡枞菌等天然山珍都被搬上了餐桌。建水是紫陶气锅鸡的起源地，因此各种气锅烹饪手法，在大厨的手中玩出了花样。

铜炊锅是建水人最爱的一种美食，每逢佳节团圆时分，炊锅就会被搬上桌，一家人围聚在一起，其乐融融。炊锅的上部为煮菜的锅，下部是烧木炭的火炉，烟囱则穿锅而上，占据了整个锅的中间部分，两者连为一体。草芽、烧豆腐等在锅里一煮，拌上特调的佐料，嘴根本停不下来。而云南的特色小吃，腌咸菜、牛干巴、炸猪肠等都会作为凉菜，一同上桌。这是个好居所，此一程也算是探寻滇南美食之旅。

扫码预订

酒店地址：云南省红河州建水县临安镇广慈湖旁维笙和院

预订电话：0873-7619666

参考价格：约1500元/晚起

大理既下山·拾山房

推荐指数

目的地推荐

①建筑精致巧妙，斩获各大奖项

②拥有私人管家和私人旅行路线定制服务

③13 间房面积 60 平方米起，配有阳台或庭院

洱海月，苍山雪

原本计划设 20 间的客房,为了最佳效果减至 13 间，恰好呼应了拾山房的美号

既下山 · 拾山房毗邻大理古城崇圣寺，在寺庙朝拜后，只消几分钟就能到达这里。

这片碧绿的高尔夫场，分布着许多略显突兀的欧式别墅。道路转弯处，半山腰的一栋简约的白色建筑映入眼帘，终于带出了大理的质朴之气，与这山海云影融为一体。落地玻璃透出的温馨灯光让人好奇，而这里，就是既下山 · 拾山房所在。拾山房的建造，或许是对苍海流云、流转四季和置身其中之人的致敬。

这里的地形高高低低，建筑难度不低。不过，有着西南地区建筑经验的设计师顺势而为，将建筑标高降低以适应坡地，形成了下沉式的院落。两层挑空的大厅与前庭后院相互借景，通透明亮。因此，地形高低、空间组织、光线、景观等各种问题迎刃而解。

楼顶的公共空间在四周大面积开窗后，360 度的视野引入了大片阳光，客人可在此处的书吧阅读。读累了起身，苍山、洱海、古城、三塔映入眼中，美不胜收。

书吧外，是光滑如镜的无边际水池。水池连接了苍山、洱海、天空等大理最有特色的景观要素，也遮挡了由于地势高低错落形成的景观死角，与周围墨绿色的植被融为一体。

在房子的建筑过程中，原本计划设 20 间的客房，也为了最佳效果，减至 13 间。 客房面积从 60 平方米起，均带有宽大的观景阳台或私家庭院，契合“拾山而上，拾四季时光”的设计初衷。

▲
新雨过后的庭院中有一派生机勃勃的景象

◀
空旷公共空间休憩的午后

▼
晚间华灯初上的庭院夜色

酒店还为住惯了星级酒店的挑剔客人准备了 BVLGARI 洗护用品、复古的 Marshall 音箱和红酒。入住时，会附赠下午茶和晚间甜点，还为客人提供免费的接送机。早起赶机的客人，能享受提前安排车辆、打包早餐的服务。

为了深入探索大理，酒店创立了开放式的“Club Med”（地中海俱乐部）。这是一种在地文化探索方式，专门为既下山的客人私人定制旅行线路。于是，贴身工作人员也变身私人导游，近处可以体验高尔夫，抑或是苍山十八溪的野趣。又或者，当一个潇洒的云南少年，混入古城，穿过大小不一的秘密线路，混迹寻常百姓家。

▶ 现代极简的室内与水池倒映的苍山美景融合

扫码预订

酒店地址：云南省大理市苍海高尔夫度假村 168 号近崇圣寺三塔

预订电话：0872-2661101

参考价格：1280 元 / 晚起

大研安缦

推荐指数

值得专程前往

①现代生活融入新中式文化

②采用传统纳西建筑

③蕴含中国隐士哲学

半隐狮子山

相比之下，“半隐”才是终极理想状态：入得朝堂，出得山林

说到安缦，经常会听到这样的疑问：“为什么它这么贵?”旅游手册会尽数它的地理位置与周边景点，建筑师会罗列它设计师的知名和所获的奖项，酒店从业者则会列举它每一处看不到 logo 的豪华设施与“海螺姑娘”般无处不在的服务……

而对于大研安缦的住客来说，泡完澡，跨出德国产的独立浴缸，踏上地面转过移门，仿佛瞬间回到 13 世纪的纳西大地——或许这才是它的昂贵之所在。在最好的地方，以最佳的视角，保持不远的距离，可进可退，悄声观看。和其他安缦的选址一样，丽江大研安缦依山而建，盘踞可俯瞰整个古镇的狮子山头，进几步路能融入喧闹古镇，退几步路可隐于静默山间。

整个度假村占据狮子山头一隅，但房间只设置区区 35 间，大片空间让位于绿化、园林与公共设施。每 3-4 间房间坐落于同一座小巧院子中，园内栽种的各色绿植可反映四季变化，调和窗外一方景致。深秋时分，偶有住客在院落银杏树下摆起火锅，四人围坐，如钩明月下一片热气腾腾。

天公作美时，从二楼的露台可以清晰眺望到玉龙雪山。沿袭安缦一贯因地制宜的建筑风格，大研安缦采用传统纳西建筑的经典元素，融入丽江古城毫不违和。即使只在客房区散步，房间建筑也互为景致，赏心悦目。

而在内室设计中，传统中式住宅建筑令现代人感到不适的部分，统统被不着痕迹地处理和改良：铺有玄色青砖的地下是来自瑞典的地暖系统；南北两面墙壁开满窗户，充

▲
餐厅出品的本地菜

◀
辣椒与当地生鲜的组合

▼
被木宅包围的酒店泳池堪称经典

分采光下，室内柔和而温馨，全无中式宅院常有的阴沉；双层窗户的设计同时保证了密闭性和木格纹窗棂的观赏性。整套西式洗漱空间都被安置在滑动木格纹移门后方，冰箱、电视、咖啡餐具也被巧妙地隐藏起来，或是在饰有纳西刺绣的滑动隔板后，或是在铺以东巴木雕的中式柜子中。这种设计思维也体现在酒店的其他设施中：宽敞的健身房被安排在地下一层，而一池始终保持28摄氏度的露天泳池被四面抄手游廊包围，小雨打出细小涟漪，水面升腾着热气，不时会让人产生身在华清池的错觉。

在丽江大研安缦中，还围着建于1725年的文昌宫，昔日的科举考场前仍可见百年古树及华美雕刻。这一座自古读书人心之所系的院中院，在每一个闲庭散步无意中推开院门的国人住客心上轻轻一叩：原来那个遥远“半隐”的文人梦想，沧海桑田，依然安在。

▶ 丽江大研安缦依山而建，盘踞可俯瞰整个古镇的狮子山头，进几步就能融入喧闹古镇，退几步也可退隐于静默山间

扫码预订

SPA P

酒店地址：云南省丽江市古城区狮山路29号

预订电话：0888-5339999

参考价格：4100元/晚起

千里走单骑·雪山庄园

推荐指数
目的地首选

①60亩阡陌农田围绕
②享受骑马与直升机滑翔机
③仅9间超200平方米的复式别墅

雪山下的白色庄园

或许都是去繁复而取精简，白色庄园与窗外的纳西景致异曲同工

正如其名，来到千里走单骑 · 雪山庄园，你可以在草原上骑着骏马奔腾，或者乘坐直升机飞跃玉龙雪山。从天空俯瞰，庄园就像一座白族大院，白色是庄园的主要色调。庭院中央开拓了一个湖心亭，庭中可远眺玉龙雪山。作为玉龙雪山脚下的一处白色建筑群，千里走单骑 · 雪山庄园的 9 间复式别墅散落在庄园各处，随意凌乱却又富有几何美学的规整。

酒店内采用北欧风格的简洁家具，做工精致，连备品都是简约澳洲风的 Appelles。往落地窗外眺望，这样的室内风格与窗外的景致竟异常和谐。房间内，拥有开阔视野的露台上摆放着浴缸、帐篷，每间客房面积都在 200 平方米以上。花园内，分布着两百多种当地植物。庄园还仔细保护着之前的古树，用圆形小天井包围起来，造了一处小景观。庄园外由碧绿的田野包围，不远处是庄园主人特地设置的蔬菜大棚，为客人提供一年四季的有机食材。

由于配备管家服务，你可以任意安排自己的餐食时间。管家会根据你的口味和时间，为你准备一顿家常菜、火锅，或是到野外去采蘑菇。

离庄园不远，是有千年历史的白沙古镇，这是纳西人世代居住的地方。你能亲自体验纳西刺绣、扎染工艺。如果时间充裕，管家会为你安排东巴万神园的行程。这是东巴宗教文明的遗迹，各处图腾与木制的纳西民居，会带来强烈的视觉冲击。

▼

穿着当地服饰的姑娘正在为客人准备旷野中的餐食

▲

在草原组成的旷野中独设一张餐桌

▶
客房院落内，水景倒映着极简的白房与远处的山水蓝天

▶
客人也可在正对玉龙雪山的屋顶沐浴用餐

扫码预订

酒店地址：云南省丽江市古城区白沙古镇太平村近白沙纳西文化园
预订电话：400-9669-369
参考价格：约2680元/晚起

简象酒店

推荐指数

目的地推荐

①啊嗯设计操刀
②房内设有地暖
③临近满陇桂雨和虎跑梦泉

西子湖畔的潮人地

把 Art Deco * 做成潮流，接地气又不失洋气的原创设计，必将成为杭州下一个年轻人喜欢的网红地

在西湖以南，满陇桂雨之地，古朴的氛围中四栋极简的白房子依山而建。仅有 18 间的客房又足够精致，这是一座名为“简象”的小而美酒店。

设计师是个 90 后，海外留学多年。她本来学的是金融，却偏爱艺术，一毕业就做起了室内设计师。她与啊嗯设计一起，花费一年半时间，抱着基本不用木头的心态，在西湖景区内完成了这家独一无二的酒店。

白墙、灰瓦、大面开窗，构成了简象的极简建筑，如同一个闺秀女子的白裙，落落大方。不同的色彩在室内碰撞，鲜明而充满活力。吧台使用墨绿云石基底与黄铜台面的组合，简单却不失格调。客区是粉与灰的组合，以潮流的方式重新演绎 Art Deco 风。每件物品都经过精心挑选，不但设计一流还有不错的品质。

除了讨巧的风格和扎实的质感，还有一些设计几乎是偏执的追求——大堂尽头有一处天井，不惜减少上方客房面积也要让阳光从屋顶直入室内，做成最美的角落。

房间内部非常通透，几乎看不到隔断，就连起居与沐浴空间也只以不同地砖为分野。这里还充满了混搭要素，不同颜色与触感的器物在这里碰撞、交融。书桌由毛毡、麻、黄铜等不同质感的材料组成，墙上还悬挂着一个 B&O 音箱。

室内玻璃众多，只为不让人错过窗外的美好。星空房将此做到了极致，将天窗与落地玻璃相连，窗外的梯田山景与蓝天白云一览无遗。

*Art Deco：艺术装饰风格

▼

酒店准备了多本海外设计书籍供人随意翻看

▲

鸡汤越南河粉、海南鸡饭与猪油拌饭组成的简餐三雄

卫浴空间内，洗手台由墨绿云石制成，水压大，出水快。沐浴用品方面备了香薰奢侈品牌 Le Labo 或者 Acca Kappa。此外小众香薰品牌 MAD et LEN 的香氛蜡烛被随意地放在房间一角，点上它，即可经历一场嗅觉盛宴。

总而言之，这是一家能把艺术做得通俗易懂，既接地气又不失洋气的酒店。小而潮，它真做到了。

▲
罐装咖啡均以专业咖啡机制作并装进设计师原创的瓶中

扫码预订

酒店地址：浙江省杭州市西湖区上满觉陇 15－17号
预订电话：0571－81961555
参考价格：约780元 / 晚起

时髦都市

这是属于分众化、个性化的时代

新锐设计师把控潮流动向
以大胆的概念和年轻的气势
来悦服客人的心

时髦而富有设计感的这些酒店
成了新一代都市新店的关键词
被城中潮人热捧

◎上海外滩 W 酒店　◎上海静安瑞吉酒店　◎苏州 W 酒店　◎新国贸饭店
◎成都尼依格罗酒店　◎重庆尼依格罗酒店　◎成都华尔道夫酒店　◎长沙瑞吉酒店
◎ GORALSKA HOTEL PARIS BASTILLE　◎ HOTEL NATIONAL DES ARTS & METIERS
◎ The Murray　◎ Palazzo Versace Dubai

上海外滩W酒店

推荐指数

值得专程前往

①年轻时尚充满动感和活力

②设计灵感源自老上海风情

③主打创意粤菜的 YEN 中餐厅

时髦客的夜上海派对

以时尚和音乐作为主要元素的 W 酒店，是“派对动物”和时髦客眼中的黄金屋

距离中国大陆第一家 W 酒店开业，仅仅 4 年时间。通过时尚、设计、音乐与活力，W 将创意毫无保留地展现，俘获了一大批年轻潮人的心。

踏进上海外滩 W 酒店的大厅，你会发现这里与其他 W 特有的夜店风格不同，空间异常开阔明亮。天桥、摩天大楼和代表老上海的“弄堂文化”等诸多要素交织在一起，强烈的视觉反差营造出独具一格的非凡场景。中空处的霓虹灯，是酒店内非常具有上海特色的标志之一。几个世纪以来，上海以里弄文化闻名于世，上海人用高低错落的晾衣竿营造出市井气息。设计师将这种只能在老弄堂中看到的情景，与现代都市的景象碰撞在一起，打造了极具工业感的设计，搭配上具有怀旧电影韵味的霓虹灯，展现了一个颠覆性的视觉画面。

酒店前台位于大楼的四层。万花筒状的镜面设计，反射出了整个动态区域。金属的不锈钢立体造型在灯光照耀下非常抢眼，带来全新视角的感官体验。前台虽位于高楼之中，设计师也同样玩出了花样。那就开一个天井吧，玻璃天幕使得自然光线充满了整个空间。光线的动感与魔力之处，在 W 反复被运用。

客房设计融合了旧上海摩登风格和现代元素。设计师以鲜艳的大块色彩为主调，红色、橙色、蓝色激情碰撞。每层楼的颜色都略有不同，房门颜色也呈渐变关系，由浅到深。最吸引目光的是床上的设计装饰物，以上海特色小吃小笼包为灵感，再把筷子造型的靠垫变化成 W 的形状放于小笼包上。最大亮点还是窗外绝美的外滩江景。95% 的客房都拥有江景视野，可以清楚地看到东方明珠塔和陆家嘴建筑群。

◀
标志性的无边际泳池正对上海城市天际线

◀
现代的客房与空间环境相得益彰

◀
拥有金色几何线条的现代公共空间尽显潮流

酒店开设顶级惊喜套房，388 平方米的双层空间里设有一个壁挂式霓虹灯装置。外滩云中套房也别有亮点，拥有巨幅 LED 投影墙面和悬空睡床。开业不久，WET 碧波露天泳池就成为城中潮人最爱的派对场所。露台上，极具造型感的铁艺凳与描绘着老上海风情的遮阳伞，将整个空间打造成了一处摩登的露天酒吧。

YEN 是酒店的中餐厅，提供粤菜和现代中华料理。从餐厅向外看，东方明珠塔仿佛近在眼前。入夜时分，所有灯光亮起，氛围也格外摩登。灯具的造型各异，龙、水母、小鱼，各式各样。来到纽约风格的标帜餐厅——The Kithcen Lab，巨型涂鸦壁画映入眼帘。三面涂鸦墙描绘了虹口的百年历史——1933 年老场坊现代艺廊、电影院外墙上的功夫电影海报、长龙般的街灯、大名路老建筑里响起的音乐、苏州河上漂着年份已久的船舶……这些微小的细节完整地将 W 酒店所在的虹口区的百年历史和上海人的日常生活场景刻绘出来。

餐桌顶部的竹形灯饰灵感源自脚手架——竹子曾在历经演变的上海楼群建筑中，作为脚手架的主要材料。标帜餐厅酒吧的灵感源自老上海石库门的天井，所有的艺术装饰则取材于上海大街小巷随处可见的生活细节，如自行车手把、车轮、鸟笼、传统的汤碗和水桶。站在其他角度来看 W 的建筑外形，它拥有特有的曲面性结构。酒店设计由全球著名的 G.A.Design 担纲，以流光“异”彩作为设计理念，同时也融合了上海这座城市的独特海派文化。

历史可以追溯到 1985 年的 G.A.Design，也曾操刀过风靡亚洲的台北 W 酒店设计。对 W 主题思想的掌握，可以说是得心应手。这一回，W 的现代与时尚碰撞上海的摩登与复古，又擦出了激情的火花。

扫码预订

SPA P

酒店地址：上海市旅顺路66号
预订电话：021-22869999
参考价格：约1600元/晚起

上海静安瑞吉酒店

①地处上海市区心脏位置
②藏有世界玻璃大师作品
③ 24 小时瑞吉管家服务

城市中心大走先锋艺术

如何在城市里将酒店玩出各种花样，是需要反复思考的命题。艺术与生活的界限开始逐渐模糊

拥有一位私人管家不再是旧时大户人家的专享。如今，许多酒店都为客人配备了一位好管家。想要享受 24 小时的贴身服务，还是让他只在你需要的时候出现，这一切都凭你的一句话。以管家服务著称的瑞吉，2017 年在湖南长沙开设新酒店之后，又迎来了上海静安瑞吉。

静安瑞吉的选址一如瑞吉的传统，避开了游人如织的外滩区域，选择了寸土寸金的静安区，地处繁华的商业文化中心，离静安寺、美领馆等很近，与沪上火热的大戏《不眠之夜》也只隔了一条马路。

最先操刀酒店设计的事务所是 GA，后由中国本土的 EXDI 设计公司担纲室内设计，将东西方美学交融在一起，呈现出震撼的视觉效果。为了配合静安瑞吉整体的建筑风格，再加上酒店主人是一位收藏家，所以室内四处摆放有许多艺术品。闲逸廊中，波斯墙面大型玻璃装置呈螺旋状，表面由鱼骨形图案装饰。这是世界上最受欢迎的玻璃艺术大师之一——戴尔·奇胡利的作品。

在大堂入口处两侧的墙面上，可以欣赏到大师的光绘系列作品。这是直接在透明的树脂玻璃和亚克力板上描绘的，作品强烈的色彩效果使得整个大堂折射出迷人夺目的光彩。中国艺术家尹中先生的作品，在酒店的公共区域和客房空间展现。瑞吉套房中的“一笔画”作品，叙事性线条表现了强烈的空间意识。酒吧中则展出了油画作品。当一家酒店将当地的历史文化和当代艺术，融入于设计与服务的细节之中，它自然就因此有了灵魂。

▲

上海静安瑞吉酒店外观

◀

前台和大堂，浓艳的红绿沙发形成强烈的色彩碰撞

▼

拥有开放式厨房的秀餐厅

▶ 瑞吉酒吧，有着招牌桂花蜜特调的“静·玛丽”

▶ 清新淡雅的英伦风客房

扫 码 预 订

SPA P

酒店地址：上海市静安区北京西路1008号

预订电话：021-62579999

参考价格：约1800元/晚起

苏州W酒店

推荐指数

目的地首选

①科幻版苏州园林

②城中最高游泳池

③西班牙主厨推荐美食

姑苏城内新潮堂

躺在大床上，泡在浴缸里，窝在沙发中，再来点音乐怎么样？

踏入苏州 W 酒店，好像置身在一个神奇的悬浮园林空间中。各种趣味的装饰映入眼帘，比如玻璃、灯光，还有其他梦幻的元素一一被呈现。姑苏园林不仅是苏州城的一张名片，也是一份独特的世界遗产。

酒店整体设计由罗克韦尔集团担纲。设计师打破以往的光线处理方案，直观明亮地将园林建筑和现代都市特色融合，展现在大家面前。而苏州园林中的一些关键元素，比如水、石、亭、桥和门洞等也都隐藏在了细节之中。

试想一下，白天逛完拙政园，晚上返回住处如同进入《盗梦空间》版的苏州园林，简直趣味横生。大堂的主要组成部分是潮堂。整体设计以仙境为灵感，还设置有独特的水晶云彩飘浮地毯。

酒店大量运用光影科技，动感的影像通过幻灯机投射在地板上、墙壁上。就连呼吸到的空气，都似乎加入了酒店独特的活力味道。音乐、公共艺术设置以及电梯间、房间的细节规划，都充分呼应了 W 的音乐主题。

酒店共有三间餐厅。其中全日制餐厅标帜餐厅，除了提供国际美食以外，还会推出特别的新派中式美食。更具突破性的是，苏州 W 还拥有一家别致的西班牙餐厅图乐。餐厅位于 37 层，可以俯瞰苏州中心的景象。主厨秘制的伊比利亚火腿和烤乳猪、墨鱼卷等小吃味道鲜美、色泽诱人。苏滟中餐厅则提供精致的江浙和潮州菜。

▲

玻璃灯光等梦幻元素一一呈现

▶

西班牙餐厅中浮空一只鲜红牛雕

▼

挑高的入口区域用镜面反射，体现魔幻之感

▶
苏滟餐厅室内以万花筒为灵感，室内五彩斑斓

入住期间，如果你想探秘姑苏城中的老宅，或是尝一碗地道的枫镇大面，记得呼叫随时 / 随需服务，即可通晓苏州城中的各项娱乐活动和艺术展览信息。

酒店同时也定期举行时尚派对。WOOBAR 酒吧可用作活动场地以及 T 台秀场，调酒师现场演绎花式调酒，酒店音乐总监献上动感音乐节拍。

凭借充满活力的社交气氛，苏州 W 酒店迅速笼络了大批城中年轻潮客。

扫 码 预 订

SPA P

酒店地址：江苏省苏州市星港街与苏惠路交叉口苏州中心7号楼
预订电话：0512-69887777
参考价格：约1500元/晚起

新国贸饭店

推荐指数

目的地首选

①充满活力的社交场所
②配备拳台的时尚健身房
③配有精酿啤酒酿造设备

京城后现代工业风

城市、酒店都在变，但新旧元素总会交织到一起，碰撞出不一样的体验

在城市酒店墙壁上描绘涂鸦，实属大胆之举，其代表是位于新国贸饭店四层及五层的健身区，这里有着“炼 · 工场”如此工业风的名称。在炼 · 工场五层器械健身区，有一面墙被打造成集装箱模样。表面被涂鸦占据着，上面绘有各种激昂文字与图案。

“工场”一词的传统意义是师傅带徒弟的作坊。在这里，你也可以在各个有落地窗的教室里，享受专业教练提供的团课体验，如动感单车、瑜伽、普拉提、搏击操等。这里还有一座拳击台，想象一下在这里挥拳，大汗淋漓；或者拍摄一组展现青春力量的照片。

新国贸饭店的英文名称为 Hotel Jen Beijing，隶属香格里拉酒店集团旗下的今旅品牌。它第一次把有趣和大胆的后现代工业风格，挪到了酒店里，用艺术氛围打造出一座京城潮流新地标。

其他配套设施也无不都在彰显它们的年轻和活力。

在酒店三层，是 24 小时开放的共享工作空间，名为“众 · 社”。这里拥有 13 间会议室和可容纳 250 人的多功能厅，当然也配备个人工作空间。咖啡甜品台全天提供轻食、甜点及饮品。这也和一般酒店提供的标准会议和工作设施有所区别，显得更年轻化和现代化。

生活在注重社交的年代，找个地方大家喝一杯，无疑是人际交往的最佳选择之一。新国贸饭店一层的鲜啤吧拥有精酿啤酒酿造设备。可以选择适合自己口味的精酿啤酒，

▼
派对中的男女活色生香

▲
“网红”风格的早餐装盘

或甜，或香，或酸，或苦。一杯酒的工夫，分享着各自的故事，开心的、烦人的都算上，人生仿佛也浓缩到这杯酒里。

在酒店二层的三五堂，一进门左边有两个柜子，里面放有精致的植物，使人眼前一亮。餐厅提供的沙拉原材料，就是从这个“综合水培蔬菜生长系统”中培育而来的。

▶ 拥有涂鸦墙壁的健身房是酒店最大的亮点

扫码预订

SPA P

酒店地址：北京市朝阳区建国门外大街1号
预订电话：010-65052277
参考价格：约1000元/晚起

成都尼依格罗酒店

推荐指数

值得专程前往

①位于闹市区交通便捷

②客房自然光照充足

③室内空间配色讲究

春熙路上俏佳人

讲究的空间配色加上顶楼的大花园，这里成了城中时髦人的新地标

成都尼依格罗酒店坐落在成都市心脏地带——春熙路商业圈的成都国际金融中心 IFS。出门就是太古里，地理位置无可挑剔。

步入酒店，热闹的大街被隔绝于外，与外面的古色古香不同的是，室内是现代简约的视觉效果。

一入酒店大堂吧悦廊，满眼的 Tiffany 蓝映入眼帘，整体效果清新脱俗。没有浮夸的吊灯，却有着 3800 片层层叠叠的金属片，这是日本大师 Sawada 为尼依格罗设计的装置作品“鸟随风舞”。

酒店空间的配色很讲究，接待处的色调是棕色系的，显得很沉静。客房位于酒店的 16-25 层，共有 230 间，面积 45-200 平方米不等。酒店房间由世界知名的建筑设计公司 Remedios Studio 进行设计。

室内采用大地色系的自然织物和皮革制品，风格素雅别致，但不缺乏时尚感。每一个房间都有一面大落地窗，宽大敞亮，使得室内自然光照充足。站在窗边俯瞰，可以看到太古里的全景。浴室带有独立的浴缸和淋浴间，卫浴设备是 TOTO。备品是酒店专门定制的意大利香薰品牌 LORENZO，洗护效果极佳。

爱美的时髦女性，旅行途中需要做有氧运动。酒店为此准备了瑜伽垫，为住客带来了便利。健康就是要每时每刻。

▼

隐没在金属亮片背后的艺术人像

▲

挑高的公共空间可遥望成都夜景

▶
室内配色清雅舒适

酒店共有 4 间各具特色的主题餐厅，成功地征服了资深食客的味蕾。其中，玥轩中餐厅以中国红为主色调，主打 live cooking（开档厨房）的理念。在品尝美食的时候，说不定还可以跟大厨偷学两手。餐厅的甜品也充满了创意，尤其是翡翠冰爽雪媚娘，口感软糯，冰皮里藏着淡奶油，一口咬下去，细软中还带着凉意，很让人满足！

扫 码 预 订

SPA P

酒店地址：四川省成都市锦江区红星路3段1号国际金融中心3号楼
预订电话：028-82208888
参考价格：约1500元/晚起

重庆尼依格罗酒店

①城中最高的天际酒店
②室内设计大量运用自然采光
③带有落地玻璃窗的茵园礼堂

山城的时尚居所

因为年轻而充满了活力，因为简洁而更显时尚

2015 年问世的尼依格罗主打时尚城市酒店路线，隶属于香港九龙仓集团旗下。尼依格罗名称的灵感源自与集团同名的探险家——马可 · 波罗之父，传奇探险先锋尼依格罗 · 波罗。

继中国第一家尼依格罗酒店在成都开幕以后，山城重庆迎来了第二家尼依格罗酒店。

重庆尼依格罗成为了城中最高的天际酒店，可以 360 度观赏错落有致的山城景致和江河夜景。夜景是重庆的名片之一，嘉陵江两岸，依山势而建的楼宇高低错落，霓虹灯流光溢彩。无论是地标“朝天门码头”，还是长江和嘉陵江两江交汇处的璀璨盛景，从酒店向外眺望都能尽收眼底。

美国著名设计顾问公司 HBA（赫希贝德纳）担纲了酒店的室内设计。整体风格可以说非常年轻时尚，以简洁的设计理念为主，大面积运用了自然采光。

欣厨餐厅采用了开放式厨房设计。室内方格图案的地砖和深层纹理的大理石搭配设计使整体具有摩登美感。

蓝色织物装饰的沙发，配有黑色大理石，再加上空间侧面的白色大理石现代壁炉，相邻的悦廊环境更显放松。

尼依格罗宴会厅可接受车辆直接驶入。层高 11 米带落地玻璃的茵园礼堂，甜蜜而庄重，是城中新人举行婚礼的极佳地点。

▼

夕阳下的重庆尼依格罗酒店

▲

挑高的空中宴会厅适合举办婚礼

▶
山城中的天空泳池

▶
简洁的空中层越过道与艺术顶饰

扫 码 预 订

SPA P

酒店地址：重庆市江北区江北城北大街38号国金中心1号楼
预订电话：023-6508188
参考价格：约1200元/晚起

成都华尔道夫酒店

推荐指数
值得专程前往

①Art Deco设计中融入成都元素
②羿庭红丝绒经典下午茶
③华尔道夫品牌管家服务

今日新贵与明日旧富

点上一份红丝绒，搭配一杯泡沫细腻的咖啡，新贵或是旧富？不再重要

成都华尔道夫酒店，是全球第27个华尔道夫酒店，也是希尔顿酒店集团在亚太区的第200个作品。酒店坐落在新金融区域，一旁便是正在冉冉升起的银泰购物中心，距离双流机场仅半小时左右的车程。在成都，若说时髦地、历史感，似乎都和新金融区扯不上关系。

对于一直偏爱历史感的华尔道夫品牌来说，这似乎难以解释。但游戏规则在悄然改变——市场概念中的“旧富”（Old Money）和“新贵”（New Rich），如今并不对立。曾经的新贵，今日的旧富；今日的新贵，明日的旧富。

酒店建筑共52层。乘坐电梯抵达50层空中大堂，立身城市之上，心中不免生出豪迈之感。大堂之中的水晶灯“生命之叶”，灵感源自春日森林中的新生树叶。灯具由LASVIT高级设计师塔纳使用十万多个水晶珠设计而成。集中在叶脉中心的黑色琥珀珠是精华所在。这盏水晶灯一天不同时间可呈现不同的照明效果，梦幻无比。接待区域用挑高展示阔气的风范。私人管家服务从纽约一脉传承而来，从办理入住手续，到送客人进入房间，表现得丝毫不差。在成都的几日晴空万里，站在崭新的空中大堂，我不由想起正经历潮流更迭的纽约华尔道夫酒店（目前正处在翻新之中）。

1893年，富翁威廉·华尔道夫·阿斯特在纽约第五大道开了一家“为上流社会所青睐的饭店”——华尔道夫。4年后，他的堂弟阿斯特四世，在旁边建起了阿斯托利亚酒店并加入了华尔道夫。有趣的是，设计师亨利坚持要求在两座酒店之间搭建一条长约90米的大理石走廊，将互相独立的两座酒店连为一体。从此，这条长廊成为了纽约华尔

▲
出自纽约著名设计师杰弗里·比尔斯之手的美式扒房

◀
Art Deco 风的酒店大堂

▼
25 米长的空中室内恒温游泳池

道夫酒店永恒的象征，而这也就是后来闻名世界的 Peacock Alley（孔雀廊）。

成都华尔道夫酒店 49 楼的羿庭，便是致敬纽约华尔道夫 Peacock Alley 的经典酒廊。摩登优雅的装饰艺术风格，加以精致的大理石、黄铜和别致的艺术品作为细节点缀。占据羿庭一面墙壁的“孔雀印象”，是非物质文化遗产福建漆艺传承人——沈锦丽大师创作的大型漆艺作品。采用五色为元素，以孔雀羽毛为轮廓，上万个五彩水滴形的漆器，错落有致地排列，构成一幅神秘而浪漫的艺术大作。

在羿庭观赏现场优雅的钢琴表演，品尝经典的华尔道夫“红丝绒蛋糕”下午茶，搭配一杯香浓的咖啡，或是一杯泡沫细腻的香槟，摩登都市的欢声笑语在耳边盈盈作响。

▶
在套房客厅中备有双人沙发、休闲椅、可供 7 人办公的超大书桌

扫码预订

SPA P

酒店地址：四川省成都市高新区天府大道北段 1199 号
预订电话：028-88881199
参考价格：约 1600 元 / 晚起

长沙瑞吉酒店

推荐指数

目的地首选

①长沙首座超奢酒店
②瑞吉家庭礼遇服务
③入乡随俗的白酒玛丽

阿斯特夫人的新时代

长沙瑞吉 49 楼内，迷人的爵士乐伴随璀璨星光，这是为了向纽约举世闻名的科尔国王酒吧致敬

长沙地处湘江沿岸，一直以来都是美食爱好者眼中的胜地。近年又因娱乐综艺产业的高速发展，格外生机盎然。

2017年上半年开幕的长沙瑞吉酒店，无疑为这座城市注入了活力。创始于1904的瑞吉，象征着纽约上流社会。管家服务使它成为了老牌酒店服务业中的标杆。来到中国长沙的瑞吉选择了入乡随俗——经典的鸡尾酒“血腥玛丽”化身为“白酒玛丽”，调酒师加入了湖南特色辣椒和本地白酒，令人耳目一新。

酒店所在位置是城中最高的摩天大楼，位于 49 层的“瑞吉吧”视野自然开阔。旧富纽约和新贵长沙在空中完成了一次完美碰撞。

除“瑞吉吧”之外，长沙瑞吉酒店还拥有五大精致餐饮场所，分别为“秀”全日制餐厅、“宴庭”特色中餐厅、“云”餐厅、“景苑”茶室及“闲逸廊”大堂吧。每间餐厅装修均典雅别致，独具特色，宾客们不仅可以在这里享用美食、休闲放松，还能居高临下地欣赏长沙市的天际美景。酒店精心缔造别具匠心的飨宴美食，足以让宾客在长沙享用到传统的中华美食，更能尽情体验海外风味美酒珍馐。

卡洛琳·阿斯特夫人是瑞吉酒店创始人，瑞吉下午茶这个传统受阿斯特夫人影响，在纽约被广泛推崇，打造成为上流社会心驰神往的优雅聚会。在长沙瑞吉酒店，你大可倚坐在舒适的沙发上，享受慵懒的午后时光。

▲

天空之上的迷你水景花园，可在此享用下午茶

▶

夜色中的酒店餐厅

▼

洁白的沐浴空间

为了探索三湘之都的文化魅力，瑞吉品牌进行了对服务的量身定制。通过管家进行行程预订，可以免去许多不必要的烦琐。

入住期间，探访千年学府岳麓书院，体验湘绣艺术，游览杜甫江阁……这些独特的旅途体验，都流露出浓郁的艺术气息和厚重的文化底蕴。

▶
城中最高大楼里的天空大堂

▶
精选的意大利传统海鲜美食

扫码预订

SPA P

酒店地址：湖南省长沙市雨花区289号运达中央广场
预订电话：0731-89688888
参考价格：约1600元/晚起

GORALSKA HOTEL PARIS BASTILLE

推荐指数

值得专程前往

①位置优越，火车站、地铁站和各大景点近在咫尺

②客房内摆放着丰富的艺术作品

③仅有 12 间房，并配备厨房和全套餐具、厨具

法国珠宝的跨界之作

由珠宝品牌 Goralska 接手后，这家特别血统的酒店，更像是艺术收藏家的私宅

坐落于历史悠久、寸土寸金的马莱街区和巴士底广场之间的，是著名的珠宝品牌 Goralska 的跨界之作。

这是一家由印刷厂改造而来的酒店，12 间客房的小型规模，给这个血统高贵的酒店蒙上一层神秘面纱。与其称这里为酒店，倒不如称它为艺术收藏家的私宅。艺术品的元素在这里随处可见，它们如此繁多，以至于一不小心，你就会错过墙上由爱马仕丝巾装点的画作。

高高的天花板和墙壁上装饰的图案，灵感来源于设计师科琳娜·埃文斯的珠宝系列“Joaillerie”。她和设计师丹尼尔·吉伯特，以“旅行”为主题，将这些画作连接起来。出现在楼梯的画作，代表南非红土；以繁星闪烁的天空的形式在走廊出现的那些则代表撒哈拉沙漠；客房内，荧光灯的灯座和镜框上画着的停泊在港口的船只，象征酒店前河面上停满的私家游艇。浴室内镶嵌的玻璃闪闪发亮，就像新潮的马赛克，在这里还能找到精致的睡衣。

12 间的精品数量，使得客房足够宽敞。这里还配备厨房，带有全套厨具餐具，餐桌椅，带研磨的高档咖啡机，微波炉，洗碗机，还有 4 套共 16 只酒杯。或许是方便客房主人招待贵客所设。

酒店的图书馆，陈列着艺术品和各种关于巴黎的艺术书籍、画册，竹框玻璃中陈列的工艺品少而精，代表 Goralska 对艺术品的挑剔。

▼

镜子由数面组成，有将房间重构的美感

▲

酒店的艺术性延续到备品上

▶
卫浴空间的马赛克涂装使整个空间生动起来

扫码预订

📍 酒店地址：法国巴黎，4区，Boulevard Bourdon 路 7号
预订电话：00 (33) 1 42 72 33 33
预订网址：hotelspreference.com
参考价格：229欧元/晚起

HOTEL NATIONAL DES ARTS & METIERS

推荐指数
目的地首选

①位于巴黎艺术中心区，连通工艺美术画廊
②玩转多种建筑原料，风格多样个性
③拥有观览巴黎景观的屋顶露台吧

古建筑里的艺术新篇

这家位于巴黎艺术中心的酒店，轻松玩转多种原料，打造出古老建筑里的独特空间

这是一家隐藏在经典奥斯曼式建筑中的酒店，不远处是法国已有几百年历史的著名学府——法国国立工艺学院。

酒店就坐落于这片艺术中心，平淡无奇的外观，很容易被人忽视。而进入时，你便会被眼前的壮观景象所震撼。入口处，是六根标志性大柱子，原料来自巴黎采石场，并经手工雕刻。它们依次排列，就像入口处守卫的士兵。地上由花岗岩镶嵌的地板同样蔚为壮观。通向附近的工艺美术馆的道路，也全部由大理石雕刻而成。奢华的用料、庞大的布局令人叹为观止。

客房内，也延续了酒店对材料的考究。墙壁均采用混凝土为材料，而橡木地板和实木现代家具的运用，使软硬得以交融。混凝土的粗糙因此变得柔和，布艺陈设的柔软也显得大气。浴室内，采用了维罗纳水磨石和烧面花岗岩定制水槽，最简单的水流也被演绎得风情万种。

酒店拥有一个意大利餐厅，头顶是玻璃天窗，大片阳光洒进来，流泻于四周茂盛的绿植。为了营造一种在院落用餐的感觉，餐厅设有铺设软垫的木质沙发，墙上的画是油墨被涂在巨大的亚麻布上所制成的，来源于艺术家盖尔·达夫林切。

大胆的元素在酒吧内体现得淋漓尽致。酒吧墙面装饰全部用铜管构成，粗犷又具有重工业风。因为氧化程度不同，管面会呈现褐色、蓝色等不同色彩，它们紧密排列，在光影中呈现五光十色的效果。

◀
橡木地板、实木现代家具和混凝土墙壁的碰撞

▲
头顶玻璃天窗的意大利餐厅

▲
入口处来自巴黎采石厂手工雕琢的标志性立柱

扫码预订

- 酒店地址：法国巴黎，3区，Rue Saint Martin 路
- 预订电话：00(33) 0 1 78 94 90 47
- 预订网址：hotelspreference.com
- 参考价格：165欧元/晚起

The Murray

推荐指数

值得专程前往

①由著名设计团队 Foster + Partners操刀

②酒店建筑前身为政府建筑“美利大厦”

③著名经典粤菜品牌“国福楼”将进驻

美利大厦化身社交场

70 年代的政府大厦经过全新设计团队妙手改造，完美蜕变为中环大热的社交空间

The Murray 位于香港中环红棉路上，酒店前院中央古老的木棉树，隐隐象征着红棉路的起源。

通过 The Murray 的私家车道，客人抵达时，酒店底部壮丽的拱廊映入眼帘。

作为“中环养育”项目的一环，前身为政府建筑的美利大厦改造工程备受瞩目，改造大厦的设计团队 Foster + Partners 也大有来头。团队设计过伦敦特拉法加广场及大英博物馆的大中庭，他们希望美利大厦历久弥新，与周围环境更加紧密联系。之前，出于政府安保考虑，大厦被道路包围，仿佛一座岛屿。现在，设计团队在面向花园道的一边增设了开放性入口。

这样，拱廊周围也多了社交空间，邻接拱廊下的 Cotton Tree Terrace 占地 130 平方米，可容纳 100 位客人进行休闲活动。开放式布局使人能够饱览香港公园及圣约翰座堂的景色，巧妙的间隔配合雅致的家具及艺术品，大厦因此变得生动活泼。作为香港中环区域的中高层建筑，酒店被较高的大厦包围。设计师便利用这建筑设计上的“市区中层空间”，着力打造顶层区域。

占地 355 平方米的天台餐厅及酒吧可以观赏太平山顶的景色，天台酒吧还有品酒师和 DJ 驻场。周围大厦的高层使用者，都可以俯瞰 The Murray 的天台空间，从而使酒店与周围环境产生互联。

▼
空间充足的客房彰显时尚高雅

▲
半面都是梳妆镜的浴室，以大理石为基调

大堂设有 8 部升降机连接客房楼层。手工制玻璃、来自意大利及亚洲等地的精致布料装点着客房。特别的窗户开口保证了充足的采光，同时避免客房因阳光直射而升温。

在建筑外墙，几何元素吸人眼球，营造出独特的框景效果，而仰头，便可见香港著名的天际线和花园绿景。

著名经典粤菜品牌“国福楼”也将进驻 The Murray，延续香港优秀酒店提供精致粤菜的一贯传统。

▶
室外天台餐厅可以 360 度俯瞰都市胜景

扫 码 预 订

SPA P

酒店地址：香港中环红棉路22号
预订电话：00 (852) 3141 8888
参考价格：约3850港币/晚起

Palazzo Versace Dubai

推荐指数
值得专程前往

① 范思哲奢侈单品融入房间
② 将范思哲的经典花纹与迪拜当地风情融合
③ 共有 7 间餐厅，包罗多国料理

河岸边的意大利建筑

在房间里，你可以使用 350 美元的碟子盛放食物，入浴后再披上 3500 美元的浴袍——然而，单纯用金钱衡量这家酒店显得如此俗气

创立于 1978 年的范思哲（Versace），标志是神话中的蛇妖美杜莎（Medusa），代表着致命的吸引力。2000 年，范思哲第一家酒店在澳大利亚黄金海岸开业。16 年后，第二家范思哲酒店在迪拜问世。

抵达酒店的那一刻，你会看到熟悉的美杜莎标志，它用大理石马赛克制成，在整座酒店中引人注目。踏进范思哲打造的酒店，面前是一条由 80 万块鹅卵石手工铺就的入口。天然的石头从意大利不同的区域采集，石子铺路在意大利非常盛行，最早可追溯到古罗马时代。

大堂进口处，一盏名为“金色微风雕塑”的吊灯完成于捷克共和国，耗用了 3000 千克的波希米亚玻璃，并经手工吹制而成，组成范思哲的花形，风一吹，就会随风摇摆。马赛克、水晶灯、直达天花板的超大型落地窗……丰富的意大利元素与范思哲品牌的强烈碰撞，或许是这家酒店最好的注脚。

酒店餐厅各有特色，Mosaico 坐落于酒店的正中心，展示詹尼·范思哲（Gianni Versace）的私人艺术品。餐厅地面是一块巨大的马赛克地毯，这是由手工切成的 150 万块马赛克拼贴上去的，仿佛天然的石头，图案则复制了詹尼设计的一条经典的围巾。Vanitas 意式招牌餐厅，则使用从酒店花园采摘的新鲜香草和专门进口的农产品，墙壁上精美的手绘名叫“随想曲”，供应纯正的意大利美食。Giardino 在意大利语里是花园的意思，Giardino 餐厅墙壁和圆柱上同样布满马赛克装饰，宛若典雅的

◀
酒店拥有三处室外泳池

◀
房间均以范思哲风格装饰布置

◀
大堂以定制家具及饰以孔雀、
骏马图案的布艺作为装饰

意大利宫殿。餐厅中的绿色花园主题设计，灵感来源于多娜泰拉·范思哲（Donatella Versace）一条被称为“丛林”（jungle）的裙子，裙子因为詹妮弗·洛佩兹（Jennifer Lopcz）而成为经典。中东风情的 Gazebo 餐厅，是一处水烟休息室。镶嵌马赛克的餐桌上摆放着摩洛哥、土耳其或黎巴嫩食品小拼盘，客人可在这里享受水烟的快感。

范思哲的经典图案贯穿酒店每个角落，包括美杜莎头像、希腊回纹及品牌的经典印花。客房内的范思哲元素更多了。实木拼花地板、搭配乳白色细木油画画框的画布，柔和的丝绸饰物点缀四周，每一件家具和面料均由 House of Versace 定制。

私人露台可以欣赏迪拜河或文化村的自然风光。浴室则采用纯手工马赛克和卡拉拉大理石瓷砖，古代欧洲风情又一次淋漓尽致地体现。当然，客人也可以在日光浴中小憩。游过西部礁湖泳池 Portofino，来到 Amalfi 品味下午茶。酒店设置三个饰有马赛克滤镜的户外泳池，还有棕榈树和鲜花伴随左右。

▶ 金碧辉煌、奢华尽显的酒店外观

扫码预订

SPA P

酒店地址：阿拉伯联合酋长国迪拜 Culture Village
预订电话：00 (971) 4 556 8888
参考价格：1295 迪拉姆 / 晚起

世外之境

一些大胆的酒店
开始将自己定义为“目的地之旅”

这些酒店
藏身于一般人想象不到的目的地深处
能给每个前往探索的住客
营造独一无二的氛围
或是曼妙的自然环境

哪怕它们位于现代都市中
也能瞬间把人带回民国氛围

◎朱家角安麓　◎绍兴兰亭安麓　◎千岛湖安麓　◎阿丽拉阳朔糖舍
◎杭州所见·西溪度假酒店　◎南京颐和扬子饭店　◎松赞拉萨曲吉林卡　◎松赞丽江林卡
◎丽江墅家玉庐·雪嵩院　◎ Velaa 私人岛酒店　◎普吉岛迈考安纳塔拉度假村

朱家角安麓

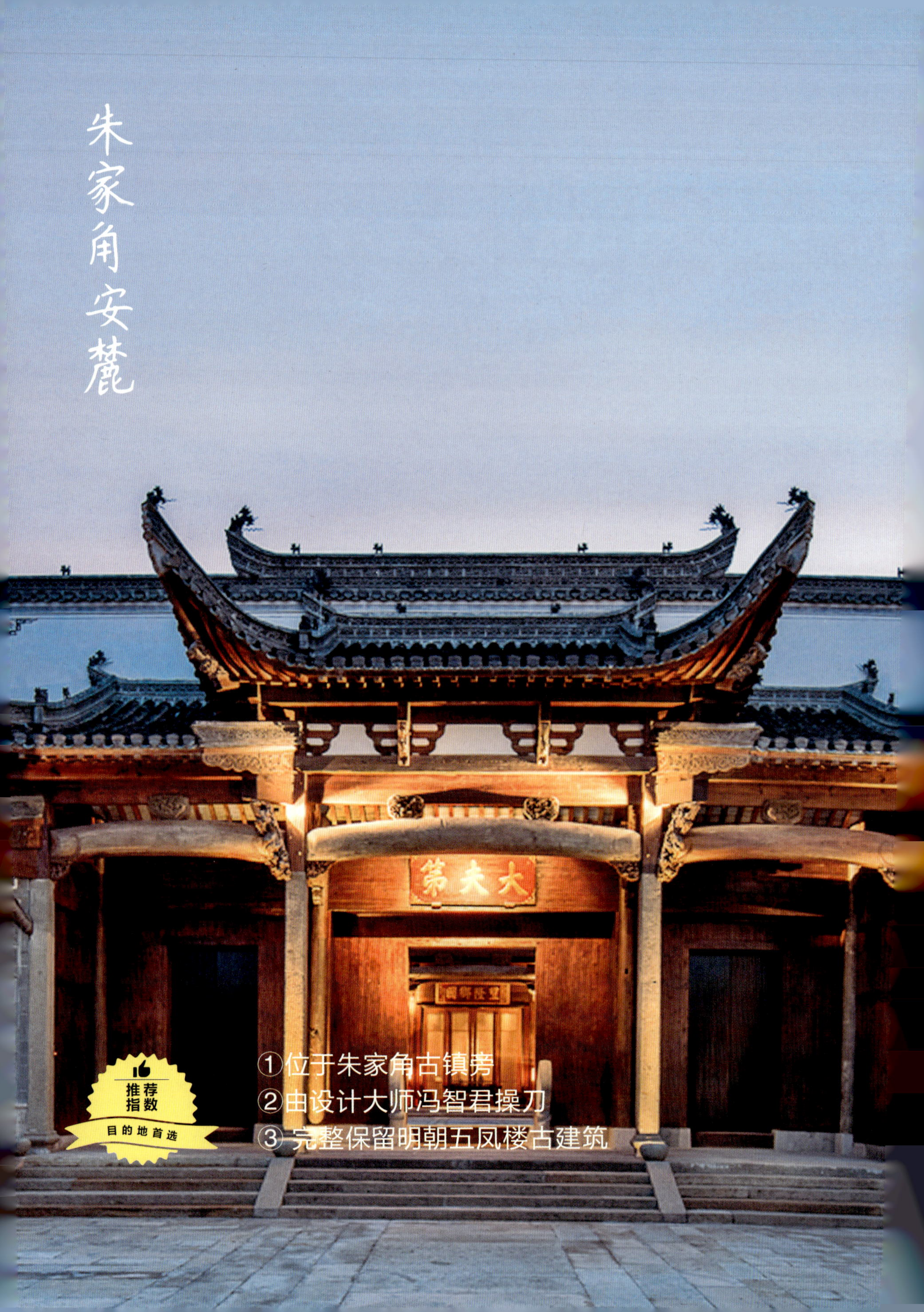

推荐指数

目的地首选

①位于朱家角古镇旁

②由设计大师冯智君操刀

③完整保留明朝五凤楼古建筑

安于麓间 遁世江南

因为精益求精的选址，和得天独厚的环境，这里被称为理想的静修之所

琴棋书画诗酒花茶，如果有一个地方，能够把“人生八雅”发挥到淋漓，或许除了“安缦 AMAN”，还有它的姊妹品牌“安麓 AHN LUH”——为中国而创建的生活方式度假酒店品牌。“安”取平静、安定之意，“麓”则是山脚之下隐居处所之意，传达出通透平静、怡然自得的惬意。

作为安麓品牌在中国揭幕的第一家酒店，朱家角安麓选址于全国历史名镇之一、早在1700多年前就已形成村落的上海朱家角，此地素有“上海威尼斯”和“沪郊好莱坞”的美誉。岁月流转，质朴自然的处世之道从古传颂至今，走进这一片远离喧嚣的土地，脚步也不禁慢了下来。

被誉为“江南第一官厅”的五凤楼，始建于600多年前的明代，如今化身为朱家角安麓的恢弘大堂。这一徽派建筑的登峰造极之作，占地近1400平方米，“前五后七开间，三进两天井”，高大巍峨，也寄寓着古宅宗族人才辈出的期望。与五凤楼遥相对望的，是一座始建于晚清时期的古戏台。戏台飞檐翘角，雕梁画栋；前檐是蟠龙金柱，内顶有穹隆藻井。伫立在戏台之前，遥想当日丝竹盈耳，水袖曼妙，多少故事曾在这里粉墨登场。

朱家角安麓正是以这两座古代建筑为核心而建造的。35间徽派风格的独栋别墅环绕于五凤楼四周，从阳庭阁、东篱阁，到庭兰阁、池苑阁，均配以全景庭院景观及专属私人花园，带来仿若安逸于静好山川之间的避世体验。

▼
纯正徽派的老建筑门头

▲
传统灯笼环绕的酒店走廊

乌篷船造型的拱形屋顶，富有优雅的意蕴，也于无声处提醒众人自己正身处江南水乡。室内的灯罩大量采用了渔网的元素，而脚下的地毯则经过特别的设计，呈现各种柔缓美妙的水波纹，置身其上仿佛被水乡的氤氲神秘环抱。此外，融合地方特色的高品质餐厅及酒吧、水疗、图书馆及精品会议设施等一应俱全，则为古镇里吹过一阵“现代风”。

酒店的建筑及室内设计特邀曾参与设计北京颐和安缦酒店的马来西亚设计师尼古拉斯·冯先生操刀，灯光设计则由来自澳大利亚的灯光设计师弗拉曼·培根先生执掌。归功于二人亲力亲为的精心雕琢，才能有如今朱家角安麓将古典与现代完美融合的美学呈现，臻美的中式设计及好客之道在当代艺术及国际化酒店标准的交相辉映中得到最大程度的发挥。

这里被称为理想的静修之所，不仅由于其精益求精的选址和得天独厚的环境，更在其别具特色的三大精品元素——太极、茶道和中药馆。除了将八式太极拳拳法摆放在客房之内，酒店更专门聘请业内一流的太极大师在太极教练馆中教授中国太极的博大精深，展现中式传统的刚柔并济。在这里，你可以以茶修身、品茗静心，也可以品味到融合中医药材和食材的经典膳食料理，由内而外调理身心。

▶
公共区域备好了抄经用的笔墨纸砚

扫码预订

SPA P

酒店地址：上海市青浦区朱家角镇珠湖路505号
预订电话：021-59237777
参考价格：3600元/晚起

绍兴兰亭安麓

推荐指数

值得专程前往

①十年匠心打造
②江南特色民居
③精美的雕刻工艺

十年绝笔演绎新中式

绍兴黄酒，醉不思蜀。若耶溪畔旁，与王羲之所作《兰亭集序》一样清新俊逸的，还有安麓

粉红樱花，澄黄油菜，在会稽山下竞相开放。穿过宛委山下的一片盛放的樱花林，就进入了一座私密大宅。

与其说这是一家新生的酒店，不如说是古老建筑园林文化的载体，时光在此变得可感。

古宅收藏家秦同千先生，费尽力气收藏了明清两代的徽派住宅、家具、雕刻。在他绍兴的仓库里，已经堆了上万件藏品。这是从全国各地，特别是从古徽州地区那些将要拆除的废旧老宅里“抢救”回来的。如今，在会稽山上，它们以园林设计和建筑重构的方式，获得了新的生命。

酒店里的树木数不胜数，俨然一个植物园。房间命名为宛委阁、阳明阁、兰亭阁等等，这些南方特色民居面积在 100 平方米左右，带有独立小院，依山势而建，高低错落，树木掩映。

为了恢复古风，酒店特意请了数百名修缮古建筑的工人攀爬手工雕刻。一些木雕、石雕、砖雕的老工匠已经年过六旬，加上徒弟少，他们还要负责最精细部分的修复。任务的繁重，使得整个工程前前后后耗费了近 10 年时间。也只有安麓，能用如此长的时间慢慢地打磨搭建。

溪流的“三叠泉”效果，出自“安缦”设计巨匠之一——贾雅 · 易卜拉欣先生之手。2015 年 5 月，贾雅先生在雅加达的家中意外从楼梯摔落，不幸离世，享年 67 岁。他

▲

徽派马头墙老宅

◀

室内保留了徽派建筑的架构

▼

室内夜景

先后参与了北京颐和安缦、杭州法云安缦、上海璞丽酒店的设计，没想到兰亭安麓竟成了他的绝笔之作。

秉持“人与自然最大限度地结合”以及“提供令人渴望居住的住所”的理念，贾雅先生巧妙利用一条天然的溪流，鬼斧神工般打造了兰亭安麓这个自然而奇妙的过渡。“遥闻会稽美，且度耶溪水”，李白的千古绝唱仍在会稽山麓、若耶溪畔回响。你还可以通过酒店的内部私密通道，爬上宛委山，登高望远。或者，就在山下打开房间的窗台。会稽山如同一尊佛像，伫立在你眼前。此时，“无言卧看山”不再是一场都市白日梦。

▶

现代客房内保持人与自然最大限度地结合

扫码预订

SPA P

酒店地址：浙江省绍兴市阳明路27号

预订电话：0575-81507777

参考价格：约2388元/晚起

千岛湖安麓

推荐指数

值得专程前往

①临近千岛湖文渊狮城

②独特的酒店灯光设计

③徽派小院风情

千岛湖畔的大家闺秀

白墙黛瓦，淡墨轻岚的千岛湖安麓，是吴冠中先生笔下水墨江南的现实版

千岛湖安麓占着淳安县内的一处避世半岛，与文渊狮城为邻。

大门前，樱树、水面与徽派建筑，如此寥寥数笔便勾勒出不凡的江南意境，让人第一眼看到就能忘记旅途劳顿。连接处有一片空旷的庭院，中心的篝火如同燃于水中。

在大堂里，前台与礼宾等功能性区域都被小心地藏到了房间的两侧。正中置有石台，仙气缭绕，透亮的长条木桌上面摆着笔墨纸砚，供人抄写文章。墙壁上挂有法国艺术家麓幂的巨幅作品，画中的东方女子秀发盘卷、端庄雅致，可以称得上是肤如凝脂、领如蝤蛴。

整个酒店绿树掩映，江南院落的小巧精致与日式枯山水的“侘寂”之美相处融洽。84间别墅套房散落其间，临湖而立，营造了一种安逸的隐居氛围。房卡套为皮质，比纸片更有质感，还能避免不慎划伤手的尴尬。房间内桌上还有一份已经摆好的欢迎茶果、一个特别定制的瓷生肖镇纸。窗前的榻榻米十分舒适，背靠千岛湖使人坐着神清气爽。边上备有小桌可放下电脑，这里成了房间里发呆最舒服的地方。不仅如此，室内设计师康妮·普尔将千岛湖的竹林、茶园、渔民生活等元素嵌入客房中，精心的设计使得自然与奢华相得益彰。

卫浴空间宽敞且精致，拥有两个独立的洗手盆。甚至设计师还把枯山水小院搬到了坐便器对面。有意思的是，部分洗漱用品被小心地包在麻织小卷中，小巧而精致，备品使用了当今流行的帕玛之水。

◀
樱树、水面与徽派建筑，寥寥数笔就勾勒出不凡的江南意境

▶
进入大堂前隔间的水系

◀
可以眺望千岛湖与安麓融合的水景大堂

在半岛的尽头，朝向湖面的最深处，有一个徽派小院。在充满温馨与艺术的设计下，是酒店的雪茄吧、书香阁与小食吧。柔软舒适的座椅，简洁大方的落地窗，凝聚着酒店内最好的慢时光。

水疗馆则是以树屋的形式，被安放在另一个半岛，需从吊桥前往。与酒店临湖相望，既可远眺山水景观，又能保证私密。

日与夜，光与影

灯光可能在酒店中少被提起，却又能直接影响观感。如果说建筑与景观设计是让酒店从无到有，光与影的搭配则是由有至美。

白天，连绵山水中藏着富有几何美感的徽派建筑；到了晚上漆黑一片，成了灯光师最好的画布。在黑白构成的“立体白纸”上，用暖色灯光随意地勾勒就有不凡的意境。白天带给人水墨江南的美感，到了晚上则成了日式禅意。其中布置，如同是给原有景观做了一次“断舍离”。以微光赋予景观新的诠释，使有心人能从中品味出完全不同的千岛湖安麓。要是想要摆拍，白天，屋子的黑白墙壁是极好的人像背景，翠绿的植物能带来无限可能；晚上，大师已经为你精心设计了灯光，你所需要的仅仅只是按下快门。在灯光的辅助下，无论什么设备都能挑战一下千岛湖的夜。白天与夜晚，能做到如此差别的并不多见。

要是有心观察，可以称得上是一次住进了两家同样耐看，却气质不一的酒店。

扫码预订

SPA P

酒店地址：浙江省杭州市淳安县姜家镇灵岩路168号
预订电话：0571-65050888
参考价格：约2300元/晚起

阿丽拉阳朔糖舍

①多位大师联手打造
②喀斯特地貌与漓江水景
③公共区域有众多现代艺术品

老糖厂变身避世仙境

在这里能看到对建筑的追求、对工艺的打磨、对细节的苛求，以及对阳朔在地文化的完美解读

阿丽拉的创始人评价这里说："这是我见过最完美的阿丽拉，几乎毫无缺陷。"

一进酒店，就能看到棕色砖墙上写着几个白色大字，粗犷的工业风扑面而来。即使是道路也追求朴素，以山石拼接而成，复古意味浓郁，也没有任何出戏的感觉。这些老建筑，都由凭借 1933 老场坊的修缮而名声大噪的老建筑改造行家赵崇新花费数年时间雕琢而成。酒店老房有四层，拥有外置的铁皮楼梯。可以对着铁皮门与落地玻璃来一场跨越时空的自拍，或者低头往下，看着水与自然发呆，还能见到烟囱里长出的植物与漓江同框。

泳池位于向着漓江延伸而出的平台，以媲美十里画廊的山水景观为背景，配上老糖厂原有的数根立柱，气势恢弘。换个角度还能倒映出整片老建筑群的全貌，是酒店标志性的地点之一。还有不少值得玩味的细节。水景营造时，设计师用深浅不一的水池打造不同的光影折射效果，就如同这片喀斯特地貌的山石一样。

池塘、室内和路旁的每一块岩石，均取自建造时为了打地基而爆破的山岩。绿色切片的放在水池，红色整块的放在室内，蓝色磨碎的放在路边。还由专人养护，让植物与青苔能在砖缝、水泥墙角间生存。

对室外景观都如此关心，内部的花艺设计更是请来了台湾当红花艺师凌宗湧，为酒店准备了每一季都不同样式与品种的鲜花。

▲

老建筑的室外餐厅

◀

直通二层保证私密的老楼梯

▼

旋转向下的水疗中心入口

在室内，设计师据宾以艺术为媒介，让新物件融入老空间。老式的仪表保存完好，放在大堂如同艺术品，而下沉沙发区颜色鲜亮，时尚明快。两者互补，达到平衡。

新建筑由董功打造，大量使用了木纹清水混凝土的工艺，不惜用难度非常大的施工方式，也要追求完美，脱去水泥的冰冷，使建筑变得富有温度。

他还把主客房区用竹制的材料模拟溶洞样式隔断，使得整个建筑变得复杂而有趣。人在楼道里走动，都能有探索发现之感。数位设计师联手，用无数的小细节告诉每一个来客，老建筑也可以很美、很时尚。

▶
富有艺术气息的酒店公共空间

扫码预订

SPA P

酒店地址：广西壮族自治区桂林市阳朔县东岭路102号
房间数量：117间
预订电话：0773-8883999
参考价格：1600元/晚起

杭州所见·西溪度假酒店

推荐指数

目的地首选

①再现江南民居特色

②特色杭帮菜和零点早餐

③茶道香道的隐世哲学

记忆里的江南之境

借景生情，一切景语皆情语

杭州西溪湿地的酒店业瓶颈被这家名叫“所见 · 西溪”的度假村打破了。酒店占地面积 4 万平方米，房间数量却只有 20 间。因此水和植被的覆盖率高达 95%。所有的景观植被都经过精心的设计，耗时 5 年之久。所有别墅依水而建，水道连接着典型的杭州民居，勾起了儿时记忆中的江南。

来自台北的卡纳设计团队担纲了酒店的室内设计。讲究“场域”精神的卡纳，完全顺应了西溪湿地的地势，借景抒发，所有材料与园林的结合都是自然过渡。室内设计以简洁的灰色、白色、深棕色为主调，自然的色系让所见的每一处空间都显得很人性化。落地全景窗使得充足的自然光照射到房内，溪景和清雅的室内设计相映成趣。

西溪的夜晚非常静谧，茶道香道做伴。如果你是喜欢夜生活的人，这里并不适合你。隐世是所见蕴藏的哲学。

餐厅名叫“提香”，因为提供特色的提篮送餐及水上用餐服务而得名。除了一个公共的开放式餐厅外，还有两个包厢。荷叶糯米、葱油菜饭等传统杭帮菜为主厨推荐菜式，口味清淡、用料细腻、摆盘精美。

一片 4 万平方米的世外之境，只有 20 间房的所见，是不是你记忆中江南的模样？

▲

园林景色映入客房沙发

◀

现代落地窗与经典家具的融合

▼

室外面朝湖水的无边际泳池

▶
室内保留老建筑的栋梁，所有材料与园林自然递进

▶
茶室内的自然色系让所见的每一处空间都显得很人性化

扫 码 预 订

SPA P

酒店地址：浙江省杭州市西湖区文二西路西溪湿地公园蒋村集市C2-1、C2-2
预订电话：0571-28251111
参考价格：1780元/晚起

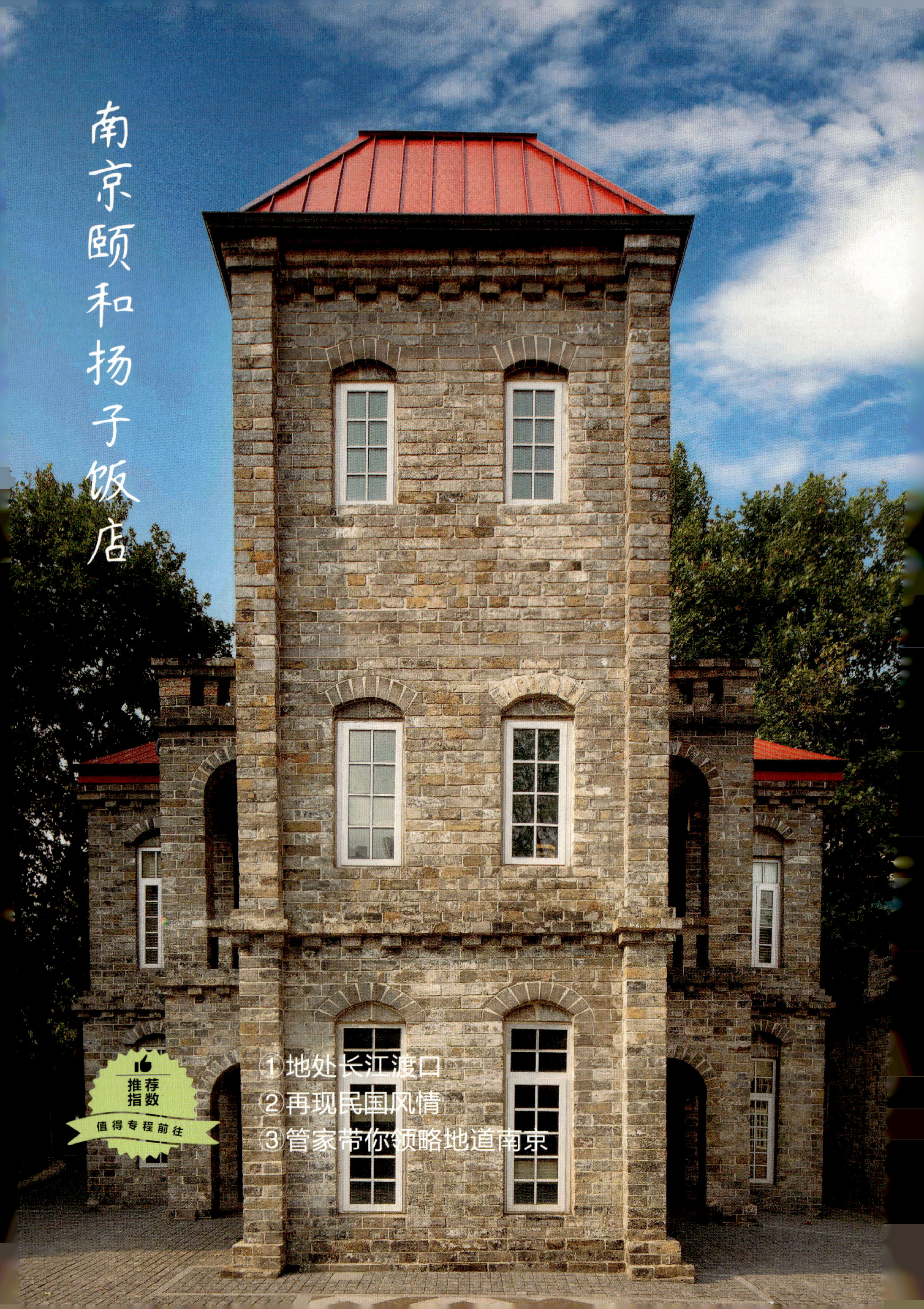

南京颐和扬子饭店

推荐指数
值得专程前往

① 地处长江渡口
② 再现民国风情
③ 管家带你领略地道南京

古堡中看民国往事

扬子饭店是 20 世纪上半叶民国风貌的见证者，也是南京唯一的城中古堡

在宝善街路口，长江沿岸有一栋红顶西洋古堡静静伫立。它曾是南京开埠后的口岸第一宾馆，也是首家由西方人在南京开办的高级酒店，见证了近代波澜壮阔的历史。开业近 40 年，作为民国的国宾馆，把宋氏姐妹、各国领导人都照顾得十分熨帖。

颐和扬子饭店历时 3 年，由东南大学教授周琦操刀，在 2017 年完成老建筑活化工程。沉寂了半个世纪的老房子，重新焕发生机。此次工程用 20 世纪西洋流行的构筑方式，又以明城墙砖作为结构材料，建构了这一中西合璧的建筑。当车子钻入石墙小巷之中，老楼、喷泉和院子组成了一片独立于现代的空间，给人以伸手就可以触碰时间的错觉。走道仅有一人宽 ，十分有质感。无论是实木地板还是墙面包边，抑或是墙上的小物件，都做得十分考究。

酒店内部小巧精致，没有严格意义上的大堂。前台占用了一个本以陈列展览为主的房间，以 Art Deco 风为特色，桌椅器物的精致到细节，如同走进民国时期的办公室。细微之处可见奢华，家私、器物、饰品、墙面等精选物料的堆叠使得民国风扑面而来。窗外、门前的景观，都美得如同艺术品，在不经意间还能发现异域风情，有文化挪用的妙趣。

松木楼梯用的还是当初建成时的老料，百年前由北美进口后服役至今，是南京现存最早、最古老的楼梯。入住时，床头就备好了一瓶气泡水。实木的家具和淡色壁纸相得益彰。到了晚上，还会送来一件仿民国款式、桑蚕丝和麻混纺而成的睡衣。

一楼的西餐厅名为 Le Vermeil，直译为红，由法国人西尔万 · 达勒担任行政总厨，餐厅尊重中国人分享为主的饮食习惯，将传统法餐稍做改变，推出了多人共享的法餐。

▲
主厨西尔万正在准备甜点

▲
楼梯为民国时期沿用至今

◀
酒店主体为红顶砖墙

▶
由明城墙砖组成的墙壁

扫码预订

- 酒店地址：江苏省南京市鼓楼区宝善街2号
- 预订电话：025-52203333
- 参考价格：约980元/晚起

松赞拉萨曲吉林卡

推荐指数

一辈子一定要住一次

①藏式建筑
②窗外可眺望布达拉宫
③重现百年前的八角街

遥望布达拉宫的美人

白玛多吉看了这座遥望布达拉宫、背倚皑皑雪山，历经数年终于完成的酒店，不由感叹道："这也许是松赞历史上最好的一家酒店了。"

在过去的 16 年中，松赞用位于滇西北的 5 家松赞酒店——松赞梅里、松赞香格里拉、松赞茨中、松赞塔城、松赞奔子栏组成一个环线，并建立了极好的口碑。

创始人白玛多吉想做的并不止于此。在他的构想中，一条真正满足人们对藏地旅行全部想象的线路，是以丽江为起点，拉萨为终点的大环线。为此他规划了一个由 15 家酒店组成，跨越近 2000 公里，前无古人的滇藏线路。

松赞拉萨曲吉林卡是这条藏区环线上开业的首家松赞酒店，是倾注心血，细心雕琢的得意之作。

它以西藏人造园林中规模最大、古迹最多的罗布林卡新宫为灵感，重新演绎建成一片藏式建筑群。10 栋建筑依山而建，面朝布达拉宫，自北向南顺山势缓缓抬升。外墙以天然石材堆砌而成，并使用与布达拉宫相似的泼石灰工艺固定。其中消耗的石料与木材，皆不惜工本由外地转运而来，不动拉萨一草一木。如此雕琢，成果自是斐然。这里做到了无论是在餐厅用膳、在房间阳台品茗，还是在大堂中小憩，均能欣赏到布达拉宫的身姿。

公共空间中随处可见的挂画，是白玛早年从四处收集而来，由古代纺织工艺制成，悬挂于此供人欣赏把玩，这里是一座鲜活的藏汉古代纺织精品艺术园。

▼

建筑以西藏人造园林中规模最大、古迹最多的罗布林卡新宫为灵感

▲

四面墙壁包围的藏式餐厅

50 间客房分布在各个建筑中，所有房间均为一室一厅的套房，面积 80 平方米起，且每层仅有两户。

房间内以木质结构为主，配上采用西藏传统画法装饰的地毯，不经意间透露出拉萨的风情。窗檐、黄石这些屋内不经意的小物料都选用产地直送，保证品质。又以松赞自己的匠人手工制作的黄铜器皿搭配实木，使室内的一切都保持同一色调。

松赞拉萨曲吉林卡由内而外透出的，是对圣城的尊崇。

▶
木质公共空间氛围温暖，是白玛心中远方的家

扫 码 预 订 定

SPA P

酒店地址：西藏拉萨城关区次角林旅游文化创意园区内
房间数量：50 间
预订电话：400-0000-830，0891-6747666
参考价格：约 980 元/晚起

松赞丽江林卡

推荐指数

值得专程前往

①窗外可眺望玉龙雪山

②馆藏石雕

③探索松赞环线的乐趣

在丽江遇见松赞

在汉藏文化融合的最前沿，主人白玛多吉将纳西元素与中原风格完美融合

作为中国知名的精品酒店，白玛建立的松赞系列酒店几乎成为藏地酒店的代表。丽江与拉萨，是滇藏线路的起始与终结之地，也是如今白玛多吉下一个十年计划的开端。如今，在滇藏梦幻环线的起点丽江，他第一次摆脱藏式酒店的传统，转向了采用中原官式风。

酒店坐落在仍保持着纳西族原有生活方式的村落中，四围皆是草木，与玉龙雪山遥相眺望；拾级而上，古朴建筑与石雕初露端倪，可窥酒店冰山之一角。众多的石雕散落于公共区域内，佛像、石狮、佛头……每一件都体现了纳西当地受到中原影响的审美风格。全是白玛先生的早期收来、如今市面上少有流通的珍品。

数栋官式建筑总共藏着 41 间客间。室内延续了松赞以实木为主的风格外，落地窗采用了纳西风格的六扇窗、镂空柜子，鲜活的丽江风貌展现在每一个来访者的面前。房间内，床上使用两面具有不同软硬程度的金可儿床垫，可选羽绒或荞麦枕等人性化设计，充分满足住客对于睡一个好觉的需求。在设计精致、如同博物馆一般装饰的房间中，你可以望着玉龙雪山发呆。

你也可以选择串联不同山居，来一趟“松赞环线”之旅——这里配备车队、旅行管家，让人在旅途中探索这些自然景观和区域独特文化：探寻滇西北的神秘，途径梅里、香格里拉、茨中、塔城、奔子栏的小环线，已成为松赞系列酒店的经典线路。

◀
室内也放有创始人白玛多吉从各地收集来的石雕佛像

▲
石雕与官式建筑结合而成的庭院院

扫码预订

酒店地址：中国云南省丽江市古城区束河街道茨满村，近束河古镇
房间数量：41 间
预订电话：400-0000-830，0891-6747666
参考价格：约 1100 元/晚起

丽江墅家玉庐·雪嵩院

推荐指数
目的地首选

①背后即是玉龙雪山，位置优越
②坐落于千年历史的玉湖村，由纳西民居环绕
③餐饮消费合理，且人气颇高

以山为枕以墅为家

雪山融水绕屋走，花木扶疏遍地开。在餐食方面的人气出品，还使得雪嵩院变身滋味小馆

墅家玉庐 · 雪嵩院的主人是老聂，几年前，他怀着让所有人都能住上别墅的想法，在许多人的质疑声中，一步步搭建了雪山脚下的这座酒店。2016 年，雪嵩院最终落成，透过酒店的落地窗，玉龙雪山超脱而豁达，犹如一位白色仙人。昔日木氏土司在此营建夏宫，修造玉龙书院，围养鹿场，足见这儿的大好风水。

于是，房间也依山势而建，山势起伏，13 栋别墅蜿蜒向前，犹如流水。最小的房间有 30 平方米，有天窗可望见星辰；最大的套房名为土司套房，或许是向木氏土司致敬。为了改善传统纳西民居的昏暗，酒店采用了大大的中空落地窗引进阳光，制造出了环保和实用兼具的纳西民居。其余各处，则均依纳西传统布置。象征着吉祥的纳西悬鱼元素镶嵌于各处，老船木斑驳，富有历史感。

住在这里，或许是视觉、嗅觉、触觉、味觉的多重享受。雪山、古城、纳西村落可以在不同的客房尽览。备品是 L'Occitane，淡淡的香气充满房间。床品则是颇为讲究的 Coco Mat，由多层天然的珍贵乳胶压制而成。客房会在每晚供应诸如雪梨银耳羹等应季甜品，滋补身心，还有茗茶服务。

从院子驱车十几分钟，即可到达空阔的高山湖泊区域，虫鸣、湖水与星空同在。背后，卧着北半球最南边的大雪山——玉龙雪山，从院子里骑马上雪山，随着海拔上升，雪山水景、原始森林、高山草甸、冰川、雪域等景致逐渐显现，自然之力壮美无边。酒店会安排骑马、采蘑菇、徒步等户外活动，而吃货则偏爱这里的雪山冷水鱼和土鸡火锅，搭配上云南山菌——出品极佳的雪嵩院俨然成了颇具人气的滋味小馆。

▲

公共空间由木头与玻璃组成，现代又不失韵味

▲

客房依山而建，13 栋别墅蜿蜒向前

◀

卫浴空间中有着现代白墙与老物件的碰撞

▶
雪山背景下仙气缭绕的雪嵩院建筑

▶
公共空间温馨可人，有居家之感

扫 码 预 订

酒店地址：云南省丽江市玉湖村玉柱擎天景区下400米近玉湖段

预订电话：0888-5347666

参考价格：1280元/晚起

Velaa 私人岛酒店

推荐指数

一辈子一定要住一次

①热带地区唯一的雪屋理疗
②坐拥群岛广袤而洁净的浮潜区
③四面环水的“蜜月套房”

一片真正的私人岛屿

187 公里壮观的诺鲁环礁怀抱中，20 公顷的岛屿仅仅分布着 48 间别墅。客人真正拥有了属于自己的“私人岛”

马尔代夫有一项奇特的法规——岛屿上的建筑不得高于最高的棕榈树。

在 Velaa，有一处形如蝴蝶破茧的白色建筑——Tavaru。升降电梯直达顶层，那儿有一个酒吧、观景台，楼中还有藏着珍酿。当初，为了使该建筑周边景色更佳，岛屿主人不惜成本空运来了一棵极高的棕榈树，客人能搭乘群岛唯一的电梯，在马尔代夫岛上最高的地方观赏海景。Velaa 在马尔代夫当地语言中有海龟之意，源自每年涌向这里筑巢繁殖的海龟。酒店标志以龟背为灵感，表达对多年生活于此的生命的敬畏。从空中俯瞰，水上别墅的排布形似海龟的头，而岛本身则犹如海龟的身体。

捷克的独立设计师彼得·科拉尔，遵循着因地制宜的法则，用料皆取于当地。红木百叶窗式条板、柚木家具和悬挂的竹制灯盏，看似易于复制，却连设计内行也啧啧称奇。天然木材经过仔细打磨、雕琢、巧妙放置，构造了别墅自然纯朴，又兼具古典优雅的气质。

海滩别墅中，经过带情侣盥洗台的室内浴室，客人可以在私人别墅中邂逅中庭花园。这是设计的点睛之笔，茂密的植被保证了私密性。通过这里，一座更大的室外浴室映入眼帘。

除了 26 间海滩别墅，Velaa 还有 17 间水上别墅。额外的 4 间面积高达 1350 平方米的私人别墅，每间可住 10 人。最为珍稀的当属蜜月套房，仅有一间，四面环水，不与

◀
房间延伸而出的水上木质平台

▲
设计师遵循着因地制宜的法则，组成水上别墅群

▲
酒店内可以停放小型游船

◀

充满热带风情的岛屿泳池

◀

东南亚风情的草屋悬在透亮的水面上

◀

下沉式的浴缸可以观赏海景

陆地相连，而是与主岛别墅隔海相望，只能坐船到达。这是一片不被打扰的私人净土，套房只设一间偌大的卧室，私人泳池面积高达 89 平方米——酒店再次向“私人岛”理念致敬。客房中的 B&O 无绳电话，可以用来呼叫管家，安排接送。还配置 B&O 便携无线蓝牙音箱，用它就能开个沙滩派对。

浴室备品是法国历史悠久的品牌“Clarins”（娇韵诗）。在酒店的水疗区，也设置了娇韵诗“My Blend by Clarins”水疗中心以及最先进的欧洲理疗设施。做完水疗，客人可以到热带地区唯一的“雪屋”，加速全身血液循环。

远离城市中心，又被私人买下，盈利不再是酒店的首要目的。Velaa 私人岛每年都要花费数月修缮，每年的闭岛翻新已成传统。

▶ 公共空间符合东南亚美学又不失现代感

扫 码 预 订

SPA

酒店地址：马尔代夫诺鲁 20224，Noonu Atoll

预订电话：960 6565 243

参考价格：约 1600–30000 美元/晚

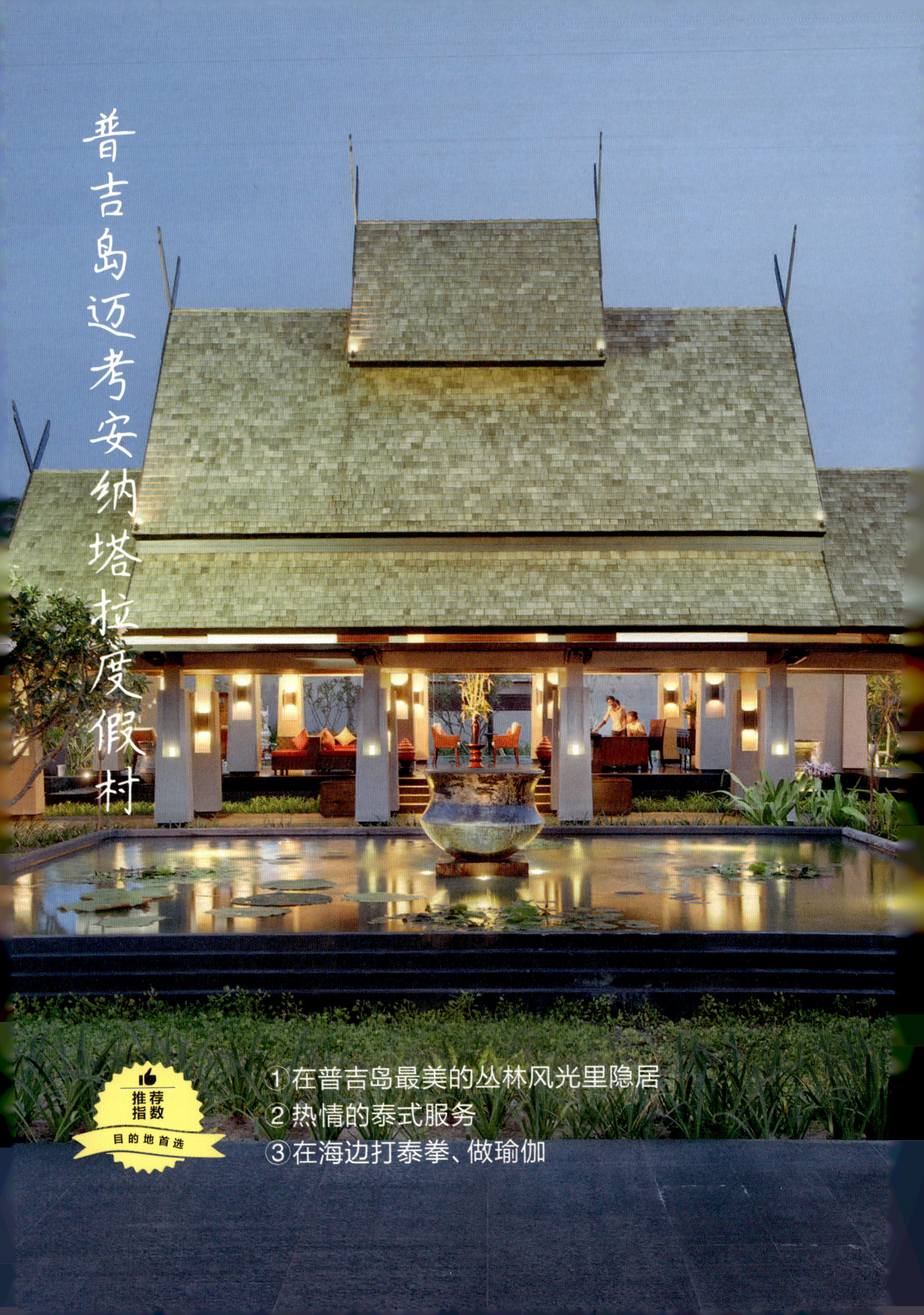

普吉岛迈考安纳塔拉度假村

推荐指数

目的地首选

①在普吉岛最美的丛林风光里隐居

②热情的泰式服务

③在海边打泰拳、做瑜伽

享受泰式丛林风光

安纳塔拉在梵语中的意思是“无穷无尽”。全球每一座安纳塔拉酒店都给人以神秘的感觉，跟周边的环境相融

从机场通往酒店，只要 20 分钟，一路上绿树成荫，为这趟大自然之旅增色不少。

酒店大堂给人端庄感，是典型的泰式风格，又不失现代的摩登气息。服务人员很快就端上了热毛巾和特制的迎宾冰茶、玉兰花手环，用以解疲。前台小哥耐心地介绍了酒店的设施和服务后，我们便乘坐小车去别墅。大堂或者餐厅到房间都有一段距离，酒店会提供 24 小时随叫随到的穿梭车接送服务。

映入眼帘的是客厅，茶几上早已备好了英式下午茶，客厅连着厨房，目测有 60 平方米。家具采用了简约风，颇为现代。抬头一看，屋顶高耸，很有泰式特色。结合在一起，既有特色，又摩登。旁边的厨房更是锅、碗、微波炉、抽油烟机一应俱全，很适合家庭出游。最实用的是洗衣机和烘干机。毕竟，外出旅游的“痛苦”之一就是洗衣服。

从客厅看出去是蔚蓝的私人泳池，旁边摆放着几张沙滩椅。拜葱郁的植被所赐，泳池和浴室的私密性都很好，可以尽情地畅泳和享受淋浴。泳池正对着卧室。打开窗帘，白天可以看见蓝天白云，夜晚可以看见星星月亮。

室内色彩艳丽，还有吊扇，充满热带风情和泰式风格。一般来说，房间中超过 5 种颜色会给人过分花哨的感觉，但这里反倒别有风味。房间还有备好的竹编沙滩包、无处不在的盆栽绿化，让人心旷神怡。除了设施和设计风格，安纳塔拉还提供很贴心的泰式服务。酒店里的每个服务员都笑容满面，据说这是因为泰国人喜欢把心事留给自己，

▲

热带风格建筑在夕阳下的景色

◀

多坡面屋顶在树丛中此起彼伏

▼

客厅连着厨房约有 60 平方米，偏暖色调

把快乐带给他人。

安纳塔拉度假村最大的特色，便是住在大自然里，走进去，就像走进了一个奇妙的热带花园。因其坐落在普吉岛北部斯里纳斯国家海洋公园的边上，靠近迈考海滩，拥有独一无二的地理优势。

站在大堂旁的公寓楼上纵览，重檐多坡面屋顶在树丛中此起彼伏，营造出建筑的层次感，相当壮观。 而绿意葱郁的园林中，树木交相掩映，营造了丰富的色彩，同时大自然也在无形中构筑了度假的私密感。

植被给我带来的清新感不只视觉上。白天，在树荫下凉风袭来，而夜晚则可以听见窗外的虫鸣破夜、风声过树。

▶
室内采用简约风，配上高耸的屋顶，很有风情

扫 码 预 订

SPA

- 酒店地址：泰国普吉府，Tumbon Mai Khao 区，Amphur Thalang 路 887 Moo 3
- 房间数量：34 间
- 预订电话：+66 (76) 337 200
- 参考价格：约3200元/晚起

年度甄选

它永远走在重磅前沿
才担得起年度甄选之名

它们的综合实力极佳
无论是设计、文化
还是服务的个性化
私密度以及舒适性
这些酒店
在所有方面都做到了一流水准

◎养云安缦　◎北京宝格丽酒店　◎上海苏宁宝丽嘉酒店　◎上海建业里嘉佩乐酒店
◎三亚保利瑰丽酒店　◎特瑞萨拉　◎ Palazzo Venart 云水之都　◎巴黎瑰丽酒店

养云安缦

推荐指数

一辈子一定要住一次

①千年古树古宅重逢新生

②融入安缦居停美学

③居住空间面积大

树与宅的守望

每座安缦都有一个故事，这次也不例外。古树长青，呼吸于天地之间，见证了一段不同寻常的往事

在树林外围远远眺望，一片绵延百顷的古樟树林中间，一棵高达 17 米、巍峨苍翠的“树王”耸入云霄。这片千年古香樟林里，坐落着安缦集团位于中国的第四家及上海首家度假村——养云安缦。度假村缘于一个历史文化遗产保护项目，千年古树百年老宅跨越 700 多公里于此重获新生。过去 15 年里，古树被悉心呵护，抽发新枝、冠盖如茵；古宅得以精心重建，重拾被时光掩盖的岁月。

养云安缦缘起于距离上海 700 多公里的江西省抚州市。抚州，旧称临川，江西东部文脉所在，本世纪初当地政府决定修建水库，当地的明清老宅和万余株千年古樟面临彻底消逝的危险。为了避免这些文化遗产沉寂水底淹没于历史长河，抚州籍企业家马达东先生组织了一场声势浩大的古树老宅迁徙之旅。一万多棵古樟树星夜兼程被运往上海重新栽种。伴随着古树，50 幢明清古宅被小心翼翼地按照建制逐一拆分运往上海重新搭建。

树宅相识百年，一别二十载。如今，在上海西南距市区 27 公里，需要大约 45 分钟车程的养云安缦，千年古树与百年老宅重逢、共获新生。这片占地 10 公顷的隐逸胜地处于两河交汇处，河流蜿蜒，下至森林公园，茂林阔水、清幽宜人。居住于此，可以尽情享受大隐隐于市的园林诗意之美。

养云安缦由东京安缦的设计团队 Kerry Hill 建筑事务所担纲设计。古宅的内涵特质最大限度地得到保留，设计师只通过最细微的干预满足现代人宜居的需求，把当下的舒适度，无缝地融入拥有约 400 年悠久历史的建筑肌理中。

▲
楠书房的雅致环境便于休憩与商务会谈

▶
细节处的摆件见证明清的历史文化

▼
房梁、立柱都由纯木打造

13 座古宅目前为度假村的四卧居室，每幢面积从 800 到 1000 平方米不等，配备私人露天泳池和按摩浴缸，以及绿意盎然的庭院，将安缦居停美学体现得淋漓尽致。其余 12 座古宅被改造成精致的安缦私人居所。这些古宅建筑见证了“现代”和“古老”在某种空间意义上达到恰到好处的和谐统一，构成了富有人情味的家宅。

除古宅之外，又新建的 24 间套房，它们与古宅建筑的历史感相得益彰，呈现出一种默契的动态平衡。新建套房设计保持简约，精致的木质装饰体现了安缦标志性的极简主义风格和审美。

伫立在养云安缦正中的楠书房，从 26 座明清古宅中精选而出，因景仰紫禁城内的“南书房”而得名，为客人营建一处心灵栖息之所。楠书房前身为一间古代私塾，如今以金丝楠木为主要元素，陈设用楠木制成的家具，展现明清手工艺之精美，在书、香、茶、画的主题中再现 17 世纪文人雅士书斋文化；另有定期上演的昆曲表演令人仿佛穿越时空、心神盈趣。

客人可以在楠书房会客、洽谈、讲座、冥想，又或是在 9 间清幽的茶室中品茶养性、习琴棋书画，徜徉于古朴精致时光中。

楠书房正门之外，映入眼帘的便是巍峨直耸云间的“树王”，千年老树曾见证世代繁衍与安居，而今矗立于养云安缦，是这段千里迁徙之旅的亲历者。

养云安缦为古老历史注入蓬勃生机的同时，也将自身孕育为一座寓休憩身心、放松灵魂于一体的世外桃源。在这里，内省式的静修、出尘的自然美景和厚重的历史气息交织相融，生生不息。

扫码预订

SPA　P

酒店地址：上海市闵行区元江路6161号

预订电话：400-120-2612

参考价格：约5188元/晚起

北京宝格丽酒店

推荐指数

一辈子一定要住一次

①中国第一家奢侈品跨界酒店
②闹中取静的帝都桃花源
③意式精致生活的真正代表

学院珠宝的意式生活

有着意大利血统的传奇宝格丽，创新大胆且不断打破常规。在它跨界第 13 年后，紫禁城也因此迎来了中国第一家奢侈品酒店

从米兰大都会到巴厘岛山川，以及致敬经典的伦敦酒店，浪漫、精致、浓郁的艺术气息，是宝格丽每一家酒店的代名词。用 12 年打造出 3 家酒店，慢工出细活的宝格丽，将意式生活的真正精神传达给了世人。

2017 年 9 月，全球第 4 家宝格丽酒店在北京开业。从地理位置上来说，酒店完全符合了“闹市中静谧绿洲”的概念。背靠安藤忠雄操刀的启皓艺术基金，面朝亮马河。艺术与自然的气息兼具，这样的视觉景观在寸土寸金的北京难能可贵。围绕酒店的花园景致由瑞士著名园林景观建筑师恩佐·叶尼设计而成，意大利风格和中式传统园林相结合。

从进入酒店开始，就可以感受到自然之美。整体设计上，与其他宝格丽酒店及度假村 样，北京宝格丽同样选择了意大利最负盛名的建筑事务所 Antonio Citterio Patricia Viel。设计师们从宝格丽独特的珠宝制作工艺中获取灵感，让意大利艺术和北京文化重新碰撞融合。从大理石浴缸，到一个简单的门把手，都没有华丽的装饰，但所见之处都融入了艺术的理念。建造过程耗时 5 年，每一个工艺都经得起推敲。外饰的颜色材质，内饰的结构纹理，都非常强调细节。除了运用现代元素，设计师们也继承了 20 世纪 30 年代的意大利工匠精神。

酒店共设置 119 间客房和套房，其中包括 1 间宝格丽套房。所有的意大利家具都来自奢侈品牌 Maxalto 和 B&B Italia。

▲
宽敞明亮的行政酒廊

▶
餐厅装修有着浓郁的意式风格

▼
旋转吊灯装置结合珠宝制作工艺

意大利向来以美食著称，宝格丽酒店将这一传统带到了中国。

米其林星级名厨尼柯·罗米托，首次与宝格丽合作。多样但不复杂、坚持对食物本味精华的探索，是尼柯一直坚持的料理哲学。除了延续以往的料理风格以外，他还为酒店的餐厅 Il Ristorante 定制了一份全新的菜单。用餐后，可以坐到宝格丽标志性的壁炉前，享受一杯意大利主题茶饮或是特别调制的鸡尾酒，这对于宝格丽的常客而言，早已经是一种惬意的习惯。

酒店泳池的灵感，来自意大利罗马特色的卡拉卡拉浴场。独特的波浪形墙面，工艺复杂却精巧，直接呈现出具有立体层次的视觉效果。

一块手表、一件皮具只是所谓的奢侈品。到今天，真正奢侈的是我们的居住理念和生活方式，而宝格丽这个品牌恰巧传达了这样的精神。

▶
客房结构纹理强调细节

扫 码 预 订

SPA P

酒店地址：北京市朝阳区新源南路8号院2号楼
房间数量：119间
预订电话：010-85558555
参考价格：约3200元/晚起

上海苏宁宝丽嘉酒店

推荐指数
值得专程前往

①宝丽嘉中国首秀
②客房使用面积大
③部分改建自历史建筑

摩登的 Art Deco 风

从拉斯维加斯到上海外滩，宝丽嘉漂洋过海而来，犹如一位海上摩登女郎

宝丽嘉酒店由一幢全新建造而成的 10 层楼主体建筑与一栋上世纪 20 年代的 5 层历史建筑相连而成。主体外墙选用了暖色调的花岗岩石，立柱式设计和极具艺术风格的塔楼造型，整体显得沉稳大气。同时，也和外滩沿线的建筑风格统一，时尚活力又十分和谐。为了亚洲首秀，宝丽嘉酒店请来了美国著名的设计公司 WATG 担纲酒店建筑设计。

步入大堂，弧形楼梯、艺术吊灯、水晶装饰墙映入眼帘。整体色调选用了米白色与黑色，并使用香槟色、绿色点缀，对比强烈，又十分具有个性。大堂酒廊的设计灵感源自高级定制的女士手袋，墙面上装饰有象牙色皮革，并搭配水晶珠链。Art Deco 的风格弥漫在整个环境中。酒店特别从世界各地精心挑选数千件艺术佳品陈列摆放在各个角落。内部装饰由全球酒店顶级设计公司 Wimberly Interiors 操刀。设计师大胆运用几何图案和各类现代家具，营造了充满活力的氛围。

162 间客房和套房拥有观赏外滩的绝佳视野，每间房内都设置了全景落地玻璃窗，可以尽收上海天际线景观。部分房间还拥有 180 度视野室外大露台，你不仅可以俯瞰苏州河畔及外滩沿线万国建筑博览群，也能远眺黄浦江美景。

酒店的全日餐厅 Café Bellagio 位于二楼，以晶莹剔透的蓝宝石色作为主色调，点缀以珍珠色。餐厅拥有大面积的落地窗，在用餐的同时，也可以享受苏州河畔的风景。酒店的意大利餐厅 LAGO by Julian Serrano 位于六楼，特邀国际知名设计公司 Studio Munge 担纲设计。通过对层次动态的处理，并运用色彩与光线，操纵时间与

▲
祖母绿水晶镶嵌而成的大堂墙面

▲
当代艺术风格的全日餐厅 Café Bellagio

◀
艺术家全手工打造的 Ceramic Flower Walls 陶瓷玫瑰花墙

空间的感知，设计师打造了这一处空间。

穿过由玻璃装饰的隧道般的入口长廊，首先映入眼帘的是存放了300多款精选自世界各地名庄葡萄酒的闪亮红色酒柜。主用餐区可以直接通往室外观景露台。位于室外的还有一间私密别致的钟楼式包房，设计风格十分前卫。中餐厅嘉府壹号位于上世纪20年代的历史建筑内。外墙与窗户经过精心修复被完美保留，内部则进行了彻底翻新。11间包房分别以红、绿、金为主题，走的是老上海风格。

身在摩登的酒店之内，脑海里不禁描绘出上世纪20年代觥筹交错的上海滩。

▶
酒光与艺术品交相辉映

扫码预订

SPA P

酒店地址：上海市虹口区北苏州路188号
预订电话：021-36806666
参考价格：2300元/晚起

上海建业里嘉佩乐酒店

推荐指数

值得专程前往

①全别墅酒店

②典型石库门里弄式建筑

③明星主厨的第一家概念餐厅

石库门里的风华往事

红色木门上的铜把手、花园里的小藤椅，淅淅沥沥的小雨中，一切都是儿时的模样

探访嘉佩乐的那天，上海恰好下起了绵绵细雨。整个衡复历史保护区的石库门建筑变得别有味道。跨入建业里，仿佛时空倒退，一瞬间回到了风华老上海。眼前完全是记忆里的模样，外铺内里的建筑格局，保留了“马头山墙”“清水红砖”“半圆拱券门洞”等经典石库门元素。石库门在上海有着特别的意义，融汇了西方文化和沪上传统民居特点，是最具中国特色的住宅之一。

2008 年，建业里开始进行大规模的改造，随之嘉佩乐来了。这个成立于 2002 年的酒店集团，创始人霍斯特 · 舒尔茨仅仅用了 15 年时间，便将它打入了奢华酒店品牌的线阵营。在嘉佩乐的品牌哲学中，私密性是至关重要的元素。上海建业里嘉佩乐酒店共设置有 55 间套房以及 40 座豪华公寓，是一座全别墅设计的酒店，气势恢弘。

酒店大堂的设计依据是老上海大户人家的会客厅。左侧是嘉佩乐标志性的图书馆，设计团队为这里精选书目。两侧红砖墙将思绪带回 20 世纪 30 年代的上海。一转手，进入“自家的庭院”。推开深色木门，植有鲜艳小花的院子映入眼帘。红色木门上的铜把手、花园里的小藤椅，完全是儿时的模样。屋外下着雨时，精致的铁艺伞筒和棉布鞋套就派上了用场。

别墅的底楼是会客厅区域，也就是老上海人口中的“客堂间”。瓷釉茶具、木雕屏风、编织毯、山水画、落地灯……整体色调以淡孔雀蓝为主，这是海派历史上一度流行的婉约颜色。

别墅底楼的会客厅区域，舒适婉约

整体是海派历史上一度流行的色调

环形的吧台

卧室位于三楼，床正对着窗户，窗外便可以看到石库门建筑群。客房具有浓郁的 30 年代老上海色彩。客房内的细节装饰，比如罗马数字的复古小闹钟、编织的梅花图、衣帽间的木雕门，独具老上海风情。阁楼被保留在了客房设计之中，顶楼的露台放着藤椅，种着花草，有着浓郁的弄堂气息。

酒店的全新概念餐厅 Comptoir Pierre Gagnaire 也是一大闪光点。明星主厨皮埃尔·加涅尔在全球共有 12 家餐厅，这些餐厅总共获得 13 颗米其林星数。而这回与建业里嘉佩乐的合作餐厅，是皮埃尔先生在中国的第一家全新概念餐厅。餐厅与酒店整体设计保持一致。吧台呈椭圆状，客人可围坐在藤椅上把酒谈心。周末的夜晚，现场有乐队演奏，百乐门的经典场景被再次呈现。

嘉佩乐为记忆中仍存着上海滩的人，造了一场梦，一场真实的梦。

酒店为石库门建筑外景

扫码预订

SPA P

酒店地址：上海市徐汇区建国西路 480 号

预订电话：021-54666688

参考价格：4500元/晚起

三亚保利瑰丽酒店

推荐指数

目的地首选

①瑰丽中国首家度假酒店

②中西方艺术品的融合之美

③地处谧静的海棠湾

瑰丽的海洋艺术帝国

一家带着人文情怀的酒店，就好像一位亲切的朋友。初次相识，却如同故人归来

2017 年夏天开业的三亚保利瑰丽，是瑰丽品牌在中国的首家主打度假功能的酒店。对瑰丽酒店集团 CEO 郑志雯来说，这又是一个新开端。酒店的室内设计由设计事务所 AB concept 担纲。在 16 公顷的园林花园之中，巧妙运用了木质材料、民族图腾等元素，以现代风格为主，融入了别具格调的海南风情。

“艺术品”是酒店的一大特色。从进入迎宾大堂开始，各式惊艳的艺术品就开始映入眼帘。首先是阿根廷艺术家卡洛斯·阿耐斯制作、高达 7 米纵贯中庭的抽象花卉油画作品。另外，还有韩国当代艺术家 Byun Dae-young 的“冰激凌熊”趣味雕塑作品。

大堂另一侧是“通天塔”雕塑作品，由中国艺术家丁浩用竹子和木头搭建而成，有一种无限延伸的自由感。来自美国西弗吉尼亚的艺术家托马斯 · 吉文斯的“鲸鱼尾翼”，用水花飞溅的表现手法贯穿了整个电梯前的空间。大堂接待台后方，是广州学院教授覃大力先生的“书海”藤编书艺术作品，这件作品从材料到工艺都展现了当地的编织技术。

站在 13 层的天际泳池酒吧“海”，可以远眺号称“水上运动胜地”的蜈支洲。矗立在泳池边的是“探索者”雕像，蓝色人形雕塑头戴潜水面具，寓意着人类对大海和宇宙等未知区域的向往。

全日制亚洲餐厅“东厨”墙上悬挂着的艺术作品“章鱼与鱼”，来自英国的艺术家希尔·托马斯，用钢索、钢片、银和金属制成。客房面积最低 68 平方米，最高至 680 平方米。饮食上，酒店的烹饪团队与当地的农场和食材生产商合作，尽可能选用本地培植的优

◀
酒店走廊内的艺术作品

▲
客房的床品织密度极高，十分柔软

▲

位于14层的酒店大堂

▼

中庭外景

▲

13 层的 110 米空中无边际泳池

质食材，带领食客一同探索三亚本地的饮食文化。比如，大茅村的当季有机水果和蔬菜，来自雪古丽农场的包括安格斯牛肉在内的牛羊肉、牛羊乳制品及酸奶等。

有人说酒店业是男人的天下，由郑志雯打造的这一个酒店帝国，是否会发生更多的故事？令人期待。

▶
阿根廷艺术家卡洛斯·阿耐斯所绘高达 7 米的抽象花卉油画

扫码预订

SPA P

酒店地址：海南省三亚市海棠区海棠北路 6 号
预订电话：0898-88716666
参考价格：约 1500 元 / 晚起

特瑞萨拉

推荐指数
值得专程前往

① 摩登又私密的别墅设计
② 长达 2 公里的私人海岸线
③ 从农场到餐桌的独特美食体验

天堂中的第三个花园

多条直飞航线，快捷便利的落地签，去普吉岛可以随时开启一场说走就走的旅行。深谙旅行之道的行者一定知道，避开芭东的喧嚣，选择岛上静谧的西北部海岸才是王道

位于普吉岛静谧私人海滩的特瑞萨拉（Trisara）酒店，是东南亚少有的每套别墅都附带私人泳池的别墅度假酒店。

驱车从普吉岛机场出发，途中的所有美景都展示了一个真实而美丽的普吉岛。车辆绕过村庄和丛林，沿着洁白的沙滩行驶，穿过茂盛的热带树木，仅需 15 分钟，就抵达了这“私密天堂的第三个花园”。

酒店四周被热带森林和异域花园环绕，2016 年 12 月刚刚进行了重新装修。60 套宽敞的海岸别墅和拥有 2—6 间卧房的超大别墅特别过瘾，属于家族式豪华度假村。酒店的每一个房间都具有极强的私密性。室内有 2—3 间卧室、私人厨房和长达 20 米的泳池。浓密的热带植被环绕着每栋别墅，极大地保障了隐私。

因为靠近绵延 2 公里的私人海岸线，足不出户就能观赏无与伦比的安达曼海景。因此好莱坞明星和世界名流们都对这里情有独钟。在餐厅偶遇莱克 · 莱弗利或约翰尼 · 德普也不是什么稀奇的事。

酒店海鲜推陈出新，是正宗泰式风味，菜单灵感源自世代传承的“妈妈”食谱。住海边，看海景，吃海鲜，相得益彰。所使用的食材都奉行“从农场到餐桌”，从酒店自己的农

▲

木质泰式风情的客房

▶

餐厅提供泰式、中式、日式、西式的食物

▼

酒店泳池与海景连成一线

场 Pru Jumpa，或是本地村民、渔民处购得。每一种食材都有一段特别的故事，经过厨师的妙手，就变成了美味。

清晨伴随微风，用舒缓的瑜伽课程或是一节酣畅淋漓的专业泰拳课来开启一天的完美生活。傍晚，一场奢华的水疗盛宴、一顿缠绕舌尖的美食、一堂专业大厨指导的泰式美食烹饪课，又或是静静地躺在海边沐浴着普吉岛的灿烂阳光。

如果有难忘的经历想与亲友们分享，酒店的 DDEN 制作工作室可以通过数字媒体，包括照片、视频和 VR 定制独属于自己的旅行记录。

▶
户外浴室可以看到外面的风景

扫码预订

SPA P

- 酒店地址：泰国普吉府，塔廊区，Srisoonthorn 路 60/1 Moo 6
- 预订电话：+66 (0) 76 310100
- 参考价格：约6000元/晚起

Palazzo Venart 云水之都

推荐指数

目的地首选

①修复自16世纪的威尼斯贵族宅邸

②18间客房充满艺术文化色彩

③米其林大厨的最新餐厅

运河畔的秘密宫殿

威尼斯过去数百年的辉煌，都藏在了这家只有 18 间客房的精致饭店里

素有“亚得里亚海明珠”之称的威尼斯，是世人公认欧洲最浪漫的城市之一。如诗画般的大运河两侧矗立着一栋栋古老建筑，这里是旧时贵族最爱兴建宫殿的地方。

云水之都 Palazzo Venart 位于威尼斯圣十字区大运河旁。酒店所在建筑于 16 世纪兴建，三层楼高，曾是威尼斯贵族的住所。台湾的云朗观光集团重新赋予这座古宅生命力，耗时两年进行修复，中文取名为“云水之都”。

云水之都就像是个小型的博物馆，设计师们将内部的连续壁画完整修复。这里完好地保存了威尼斯宫廷经历世纪变化的历史痕迹。无论是这片连续壁画、玻璃地板，还是墙壁上的装饰，都是极具价值的文物。挑高六七米的大厅，仍然可见当年的排场与气势。空气中，仿佛还回响着当年举办宴席时，人进人出的喧哗声响。

依据 18 世纪时期宫廷与花园的每个细节，设计师们打造了 18 间拥有独特风貌的房间。客房命名以威尼斯相关的事物、历史、人物为根据。贵族楼层有 3 间挑高 6 米的客房。其中，从提香房内可以饱览整条大运河。提香是威尼斯最著名的艺术家之一，进入提香房，不妨欣赏房内挂画，品味如诗一般的画作。

金碧辉煌的圣马可房修复了原先的大理石壁炉，房内有金箔制的家具与难得一见的珍贵壁布。天花板木制横梁，经修复后呈现出原来的面貌，与金色水晶灯形成完美的相互映照，璀璨耀眼。庭院里的木兰树用它们清凉的叶子和芬芳的花朵遮蔽着威尼斯的阳光。这个浪漫的地方，就是 GLAM 餐厅。

▲

客房修复了原先的大理石壁炉，金色水晶灯璀璨映照在内

◀

花园中央的贵族宅邸

▼

餐厅供应威尼斯的传统菜肴

这是米其林二星大厨恩里科·巴托里尼最新的一家餐厅，恩里科和他的团队使用现代技巧来烹饪威尼斯传统菜肴，并融入现代元素。云水之都将这家崭新的标志性餐厅引入了威尼斯美食界。在这威尼斯最具独特氛围的地方，GLAM 餐厅提供了一系列美酒和周到的服务。

在云水之都，仿佛身在过去的宁静时光，前庭的花园隔开了市集上的鼎沸人声。耳边传来清亮的虫鸣鸟叫，鼻里嗅着花香，一杯咖啡、一本书就能在这里找到属于自己的静谧。

▶
后花园的玻璃房后是 GLAM 餐厅

扫码预订

酒店地址：意大利威尼斯，圣十字区，Calle Tron 路 1961 号
预订电话：0039 041 5233784
参考价格：约 380 欧元/晚起

巴黎瑰丽酒店

推荐指数

一辈子一定要住一次

①法国协和广场附近的经典地标建筑

②探索地域文化之旅的温馨居所

③深受时尚先锋和名流政客喜爱

巴黎瑰丽的前世今生

巴黎瑰丽无疑是 2017 年最重磅的一家酒店。带着百年傲人的光芒，转身为先锋时尚酒店帝国中的一员大将

巴黎瑰丽酒店的前身是原建于 1758 年的克里雍家族府邸，坐落在巴黎著名的协和广场附近。作为法国百年来著名的历史地标，它见证了两代君王统治时期、法国大革命，以及拿破仑帝国的盛衰。如今，科林斯式的廊柱和克里雍家族的雕像，在阳光的照耀下闪烁着迷人的光彩。

此建筑物原为世界顶级建筑师安格 · 雅克 · 加布里埃尔的杰作，当年，它按照路易十五的要求兴建而成，之后成为著名的克里雍家族的府邸。

1909 年，建筑师沃尔特 · 安德烈 · 德塔耶尔将它改建成了一座酒店，吸引了全球各地的旅者前来一睹其风采。多年来，这里是世界各地政要名人、艺术家、皇室成员到巴黎时的住宿首选。酒店的独特历史背景可以说十分传奇，法式优雅生活体现在建筑的每一个细节之中。

香港瑰丽酒店集团获得酒店管理权之后，为了保留这座建筑的魅力，对它进行了翻修。负责此次项目的是著名建筑师里查德·马丁内特，室内环境设计则由艾琳·阿曼指导完成。

酒店保留了原有的建筑特色，内部设有 124 间不同风格的客房、一个水疗中心、一个长 14 米的游泳池，以及酒窖与品酒区。美食餐厅由克里斯托弗 · 阿什运营。除此之外还有现代酒吧、小酒吧、理发厅、冬季花园等。

◀
酒店内连通餐厅的室外花园

◀
奢华中带着温馨的大堂

◀
大堂顶部的大理石作品充满艺术感

翻新过程中，也为酒店注入了时髦的元素。著名时装达人、时装界的恺撒大帝——卡尔·拉格斐受邀，参与了两间顶级套房的设计。

卡尔·拉格斐不仅是著名摄影大师和时装界翘楚，同时也热衷于18世纪的艺术，也正是因为这一点，他与瑰丽集团一拍即合。卡尔用别具慧眼的设计触觉、对顶尖工艺的追求，以及对于欧洲历史的独特理解，为酒店设计了两套套房。他希望将自己的设计定义为“大型公寓”。

左手宫殿，右手居家，这是一家顶级酒店最难能可贵的经营理念。奢华和温馨存在于同一个平行空间，却没有丝毫违和感。将优雅和精致刻进骨子里，这便是对法式生活最精致的诠释。

▶
房间种类多样，空间都很充足

扫码预订

SPA P

酒店地址：法国巴黎第八区协和广场10号
房间数量：124间
预订电话：0033 144711500
参考价格：约1200欧元/晚起

张娜

作者：倪丹嫣

摄影：吴瑕

刚开始做设计的时候，大多数人都急于表达对世界的看法。

与众不同是一件特别平凡的事情

再造衣银行创始人

在安吉阿丽拉的 201 号别墅，你看不到竹海。从落地窗望出去，是烟波浩渺的湖和远处群山的影子。江南的山水都秀气，即使远山雾湖堆积也不给人压力。身处其中，轻轻松松地，便呼出了胸中一口浊气。

张娜带了一瓶 Veuve Clicquot 的香槟。她在出发前就嚷嚷着要带香槟来喝，我没想到她会真带。金色酒液倒进纤长的杯子里，有活泼的气泡往上升腾。枯燥的工作瞬间就因为一瓶酒，变得可爱热闹起来。我问她："你喜欢周末开车去周边玩吗?"她一副怎么会有人不喜欢的神色望着我，说："不只周末，我想到了就要出去玩。有时候还会租房车，带上爸爸妈妈。"边说边嘿嘿地笑。一瞬间，白天拍照时震慑住整个工作组的女强人气场快速退去。一手创立了 FAKE NATOO、凭借再造衣银行在国际上享有盛誉的设计师张娜，在我们面前，露出了对生活、对自然的由衷热爱。

提到张娜，就不得不提再造衣银行。这是张娜于 2011 年创办的一个独立公益项目。他们回收被彻底遗弃的旧衣，进行拆分、重组、再设计，使其可以继续供人们穿着。为了帮助弱势群体获得收入，她用远高于市场的价格雇用留守妇女和残疾人完成布料重组。初创的第一年，该项目就受邀参加了奥地利艺术摄影节时装单元，并受到国际的广泛关注。

2013 年，张娜被《外滩画报》评选为中国生态英雄；2014 年，她连同再造衣银行项目入选中国时尚大典"年度影响力事件"，并登上"中国商业年度最具创意 100"榜单；2015 年她在《福布斯》杂志中国设计师 TOP30 榜单上崭露头角，同年获得上海时装周最佳创意奖及《城市画报》中国十大新锐设计师奖……

这些简历却没有在张娜身上留下傲慢的影子。“我回头看的时候发现，我早年的有些设计是走偏的。因为有太多自己的情绪想要表达。现在我 30 多岁了，越来越意识到设计师的责任。”她说，“服务是一种很重要的精神。服务不是我低于谁，而是快乐和分享。我愿意为穿我衣服的人做一点儿事情，我愿意把‘我’往后藏一点儿，做一些让大家轻松舒服的东西。在这一点上我觉得设计是相通的，不管服装设计还是酒店设计都是这样。”

再造衣银行于 2017 年在上海时装周上推出全新系列，以“众乐”为题，主打自然之美。在“众”“乐”“载”3 个系列中，张娜把生活中的自然之美细化：“众”系列在舒适易打理、易穿搭的基础上又拥有年轻、柔美、街头等不同趋向；而“乐”则把趣味性和张扬感发挥得淋漓尽致。各司其职，各取所需。现在，她就坐在我的对面，借着夜色喝着香槟，分享着她对设计、对生活的林林总总的想法。

对话 FAKE NATOO、再造衣银行创始人兼设计师张娜

编辑部：你旅行时选择酒店最重要的标准是什么？

张娜：在我心里酒店分两种。一种是住进去会让你觉得很尊贵，还有一种是让你觉得舒服、踏实、放松。有些酒店的所有的设计都是在告诉你：“看，我很高级。”但有些却是在暗地里发自内心地为住客考虑。这真的很不一样。我还是比较喜欢后一种，因为出来度假你自己就是一个“nobody”（无名氏）。你希望和环境融为一体，回归内在。所以我觉得舒适放松、可以静下来、细节体贴是最重要的。

编辑部：对酒店的设计你有什么偏好吗？

张娜：酒店设计有没有跟当地人文很好结合是我非常在意的点。当然如果有冲突也是有趣的，因为冲突里有种对比的美。我比较喜欢偏设计类的酒店。尽管传统酒店集团旗下的具有成熟体系的酒店一般都会住得很舒服，但是你会觉得少了一些个性。

编辑部：哪些酒店和当地文化的结合让你印象深刻？

张娜：上海璞丽酒店有一款 Espresso，特调是加大白兔奶糖，我觉得就和上海的当地文化结合得很好。北京瑜舍办理入住的前台是一面墙，就像传统卖中药的药房，又加入了新的设计在里面。你可以很清楚地感受到酒店有自己的一套特殊语汇和体系，又能和当地文化结合得很好。这种酒店就会让我印象很深刻。

▲
酒店也是这样，一次真正贴心、舒适的体验，真的会让你想再来。你会连带爱上酒店所在的那条街、那个城市，这真是很好的经历

编辑部：所以视觉设计不如贴心实用更打动你？

张娜：我觉得设计师是为人服务的。外形出来之后，你要使用它，感受它。它会和你发生关系，到最后舒不舒服只有使用者最清楚。设计是相通的，服装设计也是这样——一件衣服的外形吸引到你之后，材料触摸着很舒服，你才会买。然后，穿着的次数会反映你的真实喜好。当然，有些衣服是为某种特定场合而生，你必须吸口气才能穿它，但你也需要它，我们现在说的不是这种。有种衣服，你会发现你会一直穿。也说不出它多好看，但一直穿它，一定是有原因的。或者穿上舒服，或者它的材料和你肌肤接触的时候你觉得有安全感，或者你觉得很方便，这些设计就是优秀的。重点是穿上这样的衣服让你觉得你变得更好。我觉得酒店也是这样，一次真正贴心、舒适的体验，真的会让你想再来。你会连带爱上酒店所在的那条街、那个城市。这真是很好的经历。

编辑部：这就是你之前说的设计的“服务性”吗？你自己的作品中有这种服务性吗？

张娜：刚开始做设计的时候，大多数人都急于表达对世界的看法。这个阶段的设计可能会比较个人化、比较尖锐。但时间久了你会发现你必须要服务大众。在很长一段时间里，我是不愿意的，我觉得我是强调个性的人。但后来我发现其实强调个性是最没个性的事，因为每个人都希望自己与众不同，所以与众不同是一件特别平凡的事情。

现在，我越来越希望我的作品可以有服务精神。比如再造衣银行原来是一个特别情感化的东西，不过，在我把再造衣银行落地做成一个品牌的过程中，为了把小众的东西转换为大众能接受的，我研究过很多大众的需求。

祝铭明 Misa

作者：吴笑言

摄影：朱海 /ELLE DECORATION 家居廊

我们致力于传播“前沿”的生活态度，走在最前沿的人如何生活，人工智能又会怎么改变酒店居住体验？我们和国内机器人业内的大拿 Misa 聊了聊。

做木工机车就是跟自己独处

Rokid 创始人兼 CEO

从杭州西溪湿地园区的大门走进去，一路上都是茂密的竹林，突然一辆拉风的机车出现了。没错，这里就是 Rokid——目前国内一流的机器人公司。

走进大门，偏冷的色调、没有多加修饰的天花板、无处不在的穿着灰色系衣服的男生，甚至直接裸露在外面的石灰色柱子……处处都透着浓烈的 IT 风，是典型的国内互联网公司风格。墙上偌大的机器人涂鸦，有人告诉我这是创始人 Misa 的自画像，他也是“若琪”的“爸爸”。停在公司门口的机车，是 Misa“登场”的标志。轰隆隆的摩托车发动机声音响起，大家就知道老板来了。

Misa 是一位狂热“极客”，从小就有造机器人的梦想。这个梦想驱动着他读完国外顶尖大学的人工智能博士。毕业后，Misa 创建了猛犸科技，后被阿里巴巴收购，他携团队加入阿里巴巴，成为最神秘的 M 工作室领头人。在 30 岁之前，他已是轻松实现了财务自由的互联网精英。他第二次创业，完全是因为自己还有一个机器人的梦想需要实现。他拿着只有一张的若琪的产品草图，就得到了一堆投资人的追捧。

若琪很像电影 *her* 里的女主角，她的外形可能是一个软件、一个圆形播放器，但是她有好听的女声，能够让你的日常家庭生活更便利。天气预报、控制窗帘、开灯、讲笑话、唱歌……她甚至会帮你处理邮件、叫外卖以及更多还在升级开发的功能。

在这个科技互联网圈内，多数创始人都会很努力地博取媒体曝光和知名度推广。但是 Misa 很低调，绝少接受采访，他也不需要做推广给投资人看，手头的大把资金足够

▲
在 Misa 家中三楼摆放的朋克风家具

维持运营。对他，很多人跟我一样好奇，听说他是个“科技怪才”，也是个理想主义者，甚至还有些“避世”。

作为中国顶级极客，他的生活到底是什么样的呢？在 Rokid 公司最里层的一个角落办公桌前，我见到了 Misa，一头快盖住眼睛的长头发、简单的衬衫牛仔裤，典型的互联网工程师打扮。他腼腆地笑着，邀请我喝他冲的咖啡，然后，找了把简单的小椅子坐下来，很随意地跷着腿。也许是因为刚结束互联网论坛分享大会，还有一大堆事情需要处理，他和我说着话时，还在忙碌地回复着手机信息。不过，即使是同时应对多件事情，他依然是一副自在悠闲的模样。

当然他太过随意的打扮也闹出过笑话。有一次，Misa 被论坛邀请去演讲，却被保安安排到了会场角落的地板上坐着——他们以为他就是个普通的粉丝听众。直到他在一片惊讶声中，怡然自若地走上台，大家才弄明白是怎么一回事。这很有 Misa 的风范，不拘一格、自我、自在，更自信。

“我们老板真的很忙，生活里都是工作。”这是我从他同事口中最常听到的话。Misa 每天的生活轨迹都是起床，工作，睡觉。因为想节省时间和避开人群，Misa 从不去理发店，直到头发长得影响工作，才会叫理发师上门打理；也几乎不去饭店吃饭，大多时候都是叫厨师上门。为了能不跑那么远，他干脆在公司附近开了一家咖啡馆。有人说他怪，他也说自己确实是个“怪人”。“我觉得我最怪的地方，就是我能坚持做很多大家不看好的东西。”

和他聊天，你能感受到他身上那种强大的自信。在员工面前，他随性得不像一个老板，但对于专业却有常人无法接受的执拗。我问他：“你为什么对自己所做的事有如此自信？”他的回答是：“做事其实和追女孩儿一样，你不确定自己能不能追到她，那你要做的事情是什么？要么不去想，要么就去追。”

他喜欢半夜独处，基本上凌晨从公司回到家还要工作 1–2 个小时。

Misa 的家则是由杭州创意园内的废弃仓库所改造，原本只有四面白墙和铝板屋顶的“空盒子”，变成了风格鲜明的三层住宅。

他对家的要求很清楚：要搭建木工房，收藏并改装古董摩托车，与工作空间合二为一，还必须让巨型纽芬兰犬“大嘴”和英短猫咪能在其间各得其所。

Misa 的极简生活方式在这里被发挥到了极致，偌大的一楼挑高空间完全被生活爱好占据。他还有些自豪地透露，家里摆着的许多家具都是自己做的。有时候，他甚至会为了做一张桌子一个礼拜都不出门。工作累了，他会去家里三楼的木工房做点木工活。“当你全神贯注在另一件事上，从一个世界的理念中完全脱离，你会觉得非常放松。”“我喜欢独处，你总得找一个让你长久独处下去的方式。”骑机车是一种方式，做木工也是。

在他“冷淡风”的办公室里，他的工作台上放着一代若琪，并用了他和妻子的照片做屏保。在这里，我感受到了这个一直和我聊科技的理工科男人身上的温情。

被问到人工智能将会如何改变酒店居住体验时，Misa 回答道：“你不需要懂什么是人工智能，只要它能温暖你就够了。”

百年西餐厅

◀
静谧的室外用餐区域

◀
室内用餐环境保证私密性

坐落于南京颐和路上的颐和公馆，有26幢民国时期的别墅，每一幢背后都有一长串故事。部分建筑曾为民国重要历史人物的住处与使领馆所在地，多数始建于1935年至1937年间，至今已有80多年历史。酒店在建造时并未改变外观，只在内部做文章。

令人意外的是，这样具备历史感的酒店内还藏着一家具有米其林餐厅水准的法式餐厅。通常适合室内烛光晚餐氛围的法式餐，在颐和公馆里有了新变化——与餐厅连通的室外花园用餐区为食客提供了静谧的用餐环境，菜肴酒水均出自米其林二星总厨毛罗·科拉格雷科先生的设计。

主厨丹尼尔还会运用当地最新鲜的食材定制出应季菜单，同时制作出带有主厨灵感的“空白菜单”，并搭配精选配餐葡萄酒。意想不到的惊喜还出现在甜品环节，侍者端上的“巧克力画板”让在场的所有食客都为之惊叹。

可能是由于这些别墅主人地位显赫的缘故，它们的命运并不像其他一些历史建筑那样多舛。在历经动荡的岁月之后，室内的石阶和廊柱依然保存完整，不仅丝毫不减当年的魅力，反倒平添了些许岁月留下的沉静之美。

扫 码 预 订

酒店地址：江苏省南京市鼓楼区江苏路3号
预订电话：025-8486 8888
参考价格：500元

新葡京酒店∞餐厅

设计助力味道

◀
餐厅整体渗透着浓郁的神秘东方气息

8 在中国代表着吉祥和富贵，用这个数字来命名的餐厅可谓极具中国传统色彩。

在澳门新葡京酒店内，8 餐厅巧妙地把寓意活力十足的金鱼和象征吉祥富贵的 8 字融入室内设计中，气派非凡。餐厅以红黑二色为主调，色彩的鲜明对比令人悦目。

餐厅正门与用餐区以一道长廊分隔，长廊左右为缓缓流动的流水幕墙。通过光影投射技术，将地面“变成”清澈的水池，活灵活现的金鱼伴随着食客们的步伐移动，仿如穿过时光隧道，暂时远离城市喧嚣，在静谧的氛围中享受与众不同的用餐体验。

◀
粤式烹饪的螃蟹激起食客阵阵食欲

餐厅中央位置的立体水晶球，微妙地配合底部梅花线条的大理石水池，使水晶球的倒影与实物相连，巧妙形成相互交叠的 8 字图案，与餐厅后方的巨型金鱼双面刺绣屏风相映生辉。

拥有超过 47 年酒店餐饮经验的主厨谢锦松师傅妙手生花，在这里烹饪出独具匠心的美食。他的拿手菜沿用广东传统黄埔蛋，配以爽口有弹性的澳洲龙虾，再加上传统豆豉，味道非常鲜美。为使菜式保持优质口感，把豆豉剁到极其幼细，以达到“未见其形，只尝其味”的效果，成为名贵新派广东菜的特色。

扫 码 预 订

SPA P

酒店地址：澳门京浦路澳门新京葡酒店二楼
预订电话：+853 8803-7788
参考价格：700元

上海浦东香格里拉大酒店
怡咖啡
推荐指数
目的地首选

料理的无限创意

◀
铁板烹饪区域精选新鲜食材

◀
菜系多样化，来自于12个国家的美食盛宴

每晚到了饭点，浦东香格里拉大酒店的怡咖啡总是飘荡着袅袅的香气，令人垂涎欲滴。餐厅共有11个档口和30位厨师现场烹饪，仿佛一场感官盛宴。

怡咖啡前门右边第一个档口是甜品档口，人们最容易爱上的是蓝莓马卡龙。移步向前，3种巧克力，5种配料，给料理带来了无限创意的可能性。再往前，映入眼帘的是一整面由3种豆苗组成的微型生态墙：芥末味豆苗、红卷心菜豆苗、萝卜味豆苗。选好喜欢的口味，厨师会从生态墙上直接取材，将食材的新鲜分毫不差地呈现出来。微型生态墙的隔壁是由泰国与马来西亚风味组成的东南亚档口，在这里选取喜欢的原料，看着厨师熟练地在铁板上挥舞锅铲，听着滋滋作响的油滴声，很快周围的食客都能闻到空气中弥漫的马来粿条香气。怡咖啡的后半区从西餐档口开始，此地是肉食者的天堂，大量热菜汇聚于此。海鲜西班牙饭、蔬菜西班牙饭、汉堡、羊排等西式菜肴琳琅满目。现做的意大利面口感甚佳，必吃推荐是奶油蘑菇通心粉，奶油馥郁、菇脆香、橄榄油打底升华。缀饰着手工彩色玻璃灯的阿拉伯档口凸显着不一样的魅力。食客们喜欢驻足在烤肉架旁，看着厨师切下一大片一大片的烤肉夹在饼里放在自己餐盘中，光是闻着阿拉伯烤肉的香气就让人垂涎欲滴。

中餐档的每一款热菜都是一个中国省份的代表菜肴。四川辣味海鲜、上海炒面、浙江东坡肉，上了年纪的食客都喜欢徘徊于此，在麻辣、高汤与小炒中游移不定。尽头处是烩河鲜与蔬菜的串串香，光是由四五十条河鲫鱼熬煮的浓汤汤底就足以令人赞叹。

扫码预订

SPA P

酒店地址：上海市浦东新区富城路33号紫金楼2层
预订电话：021-68828888-6888
参考价格：300元

感知一切内在

最佳酒店水疗篇

有时候，入住一家好的酒店
不为出差途中的停留，也不为长途旅行中的歇脚，只为纯粹地放松身心
这时，水疗（SPA）便是最好的选择

SPA 一词是拉丁文“Solus Par Agula”的首字母缩写，意为“健康在水中”
无论何种形式的水疗，都会使听觉、味觉、触觉、嗅觉、视觉等五大人体感官，获得全方位的放松
如何愉悦身心，为内心积压的压力和疲惫找一个出口?

健身房、游泳池、桑拿房、瑜伽房等已经成为酒店水疗中心的基本设施
这些崇尚健康方式的妥帖安排，体现着酒店希望住客享受“乐活人生”的用心

根据四季更替定制私人护理疗程，选用天然原料配制的产品
明暗适宜的灯光设计，养生技术、美肤疗法
个性化服务等都已成为衡量一家优质酒店水疗中心水平的标准

◎璞丽酒店 安纳塔拉水疗　◎上海新天地朗廷酒店 川水疗　◎成都青城山六善酒店 六善水疗
◎北京国贸大酒店 CHI 水疗　◎法云安缦 安缦水疗　◎博舍 谧寻水疗

璞丽酒店 安纳塔拉水疗

从东南亚到中国

◀
茶疗项目汲取中国茶文化理念，凝神静心。水疗过程中可以尽情俯瞰上海的都市风采

在泰国有一个传统，人们会在自家门前摆放一罐清水，让远道而来的客人饮用止渴。这罐清水既能够让旅途中的人们感到神清气爽，也能够为那些愿意逗留片刻的人们送上诚挚的欢迎。

安纳塔拉（Anantara）在古梵文里是“无穷无尽”的意思。每一家安纳塔拉水疗馆除了独特的设计和地理位置选择外，所有的护理项目都会在保留其传统特色的同时，融入当地风俗。

以璞丽酒店的安纳塔拉水疗馆为例，轻柔的东南亚音乐，配上有节奏地敲打玻璃器皿的叮咚声，是为了让舒适感从耳朵传遍全身。桂花茶和手工饼干，是用健康饮食让味蕾浅尝辄止。专业按摩师的双手会根据客人在咨询卡上填写的按摩力度触碰皮肤，并会在实际操作中调整到恰到好处，这是为了给身体带来完美的享受。

茶叶配上奶香，浓郁度恰到好处的精油让人气定神闲，这是为了让嗅觉与触觉亲密接触。没有过多的装饰，水疗房内的深棕色调让人心安，房间的光线也会根据客人的要求调节，这是为了在视觉上让人沉静下来。

璞丽酒店拥有全国为数不多的安纳塔拉水疗馆，经常一房难求。整间水疗套房采用色调淡雅的木材和玻璃材料，配以柔和的室内照明，中泰结合的现代东方元素让客人沉醉于奢华舒适的环境之中。5 间水疗套房均配有专属的蒸汽室和浴室，可供单人或两人享用。

这里的水疗疗程以茶为主题，研发了多种茶叶护理，比如绿茶净化排毒、白茶平衡舒缓、玫瑰花茶滋润丽颜、菊花茶清心静气等。

▲
不同功效的茶类理疗可以彻底舒缓压力

▶
独立的水疗房间功能齐全，包含个人盥洗设施

▼
具有浓郁禅宗氛围的水疗房，适合携带家人一起享受

▶
酒店配备水疗后享用的茶点

▶
一杯玫瑰花茶给整套茶疗锦上添花

扫码预订

SPA P

酒店地址：上海市静安区常德路1号
预订电话：021-32039999
参考价格：约2000元/晚起

上海新天地朗廷酒店

川水疗

推荐指数
值得专程前往

神秘的东方花园

◀
大型的热水水力按摩池帮助客人舒缓压力

都市人需要为自己积存的压力和疲惫寻找一个释放的出口。从五感上带来呵护的水疗，虽不是包治百病的灵丹妙药，却是现代健康养生中必不可少的一部分。

藏于上海新天地朗廷酒店中的川水疗，是闹市区中不可多得的静谧花园。作为朗廷酒店集团旗下自有水疗品牌。在享受整个水疗过程之前，客人还必须用心回答“五行问卷”，让专业的理疗师制定一套方案，以此达到放松情绪和身体的目的。伴随着舒缓的东方音乐，穿过半月形拱门和中式长廊，玻璃台阶下是一片山石打造的花园。整个空间从声音、光线、气味到氛围的设计，每个细节都符合人体对最佳舒适度的需求，并且体现出朗廷的独特个性和川水疗的东方元素。

◀
川水疗是一个世外桃源，充满静谧的自然美感

川水疗特色的玉石面部护理，运用不同的玉石来按摩面部穴位，这种按摩方法，可促进血液循环，排出体内的毒素，同时可以迅速缓解商务人士长期以来的肌肉酸痛症状。水疗中心硬件设施完善，包括按摩池、室内恒温泳池、蒸汽房及桑拿房。醉人的芳香世界里充满着各种独特的精油和药剂，水疗护理中，它们为身心内外提供治疗和放松，令人身心平和、容光焕发。

酒店采用独家配方制作的精油和护肤产品，喜欢的客人还可以购买回家。

扫码预订

SPA　P

酒店地址：上海市马当路99号
预订电话：021-23302443
参考价格：约1800元/晚起

成都青城山六善酒店

六善水疗
推荐指数
值得专程前往

大自然下的唤醒

◀
巨大的花瓣式穹顶照亮整个水疗中心

在这片世外桃源之中，水疗的设计融入了慢生活元素。有别于城市之中的水疗中心，青城山六善酒店的水疗伴着湖光山色，有了绝美的自然风景，客人在视觉上首先就能得到前所未有的满足。在青城山，1350 平方米的六善水疗中心坐落在繁竹浓翠的花园之中。除了六善水疗的经典项目外，酒店还因地制宜地研发了一系列独具本地特色的水疗护理项目。同时还搭配了生态养生套餐、瑜伽、太极等户外活动，让人在这个葱茏幽翠的环境中释放身体的压力。

一直以来，六善养生热衷于选址在人迹罕至而美景浑然天成的地方，并以独特而可持续的个性设计为特色。水疗中心内原生态的木梁墙体、天然的藤编灯具，与灰褐原木色调的现代中式家具相得益彰。在错落间，营造出一个自然清新、静谧灵动的舒适空间。

◀
手艺精湛的理疗师使用多种天然产品提供多种焕肤与养生特艺

▶
水疗过程中可欣赏世界自然文化遗产青城山

扫码预订

SPA P

酒店地址：四川省成都市青城山镇东坎大道2号
预订电话：028-87289871
参考价格：约2000元/晚起

北京国贸大酒店 Chi水疗

源于内心深处

◀
水疗中心有四间贵宾理疗室和两间按摩室

香格里拉独有的 CHI（气）水疗的理念，是将中国传统中医与亚洲养生古方进行融合。

在中国的传统哲学中，“气”是世间万物的主宰，它掌控着人类的健康和精力。CHI 水疗的产品和配方都源自天然，以保持生态可持续性方法获得的植物、草药、矿物质和精油，可有效地调节身体阴阳能量平衡，恢复自然活力。

在国贸大酒店，客人可以享受到针对包括身体、骨骼及面部等方面在内的超过 29 种理疗项目，包括有助心境放松、恢复体力的“气”平衡，以及采用亚洲古老天然原料及传统康复哲学疗法的高山糌粑磨砂特色理疗；另外，这里也提供如“东方魅力”和“紫禁之巅”等常规理疗项目，时间从两个半小时到三个小时不等，带给客人难以忘怀的水疗新体验。

◀
水疗房间自带按摩池，理疗师将中国传统中医与亚洲养生古方融合

国贸大酒店香格里拉水疗的开幕，为北京的休闲生活方式树立了“最高”标准：酒店的健身中心位于 78 层，配有设施先进的健身房、25 米室内超大温控游泳池及奢华休息室。从 77 层水疗乘电梯，可直接抵达位于 78 层的健身中心。健身中心同时设有多间冷热兼备的豪华热疗套房，提供芬兰浴、中药浴、水晶蒸汽浴、Laconium 汗蒸浴、冰泉浴及蚕丝浴等多个有助于体内排毒、减轻疲劳的设施。

扫码预订

SPA P

酒店地址：北京市朝阳区建国门外大街 1 号
预订电话：010-65052299
参考价格：约 3000 元/晚起

法云安缦 安缦水疗

在江南古村落中寻根

◀
传统的木桶花瓣水疗体现了法云安缦的原生态

低调而奢华的法云安缦酒店由杭州灵隐寺附近的一个古村落改建而成，建筑风格和内部设计都采用古法，打造出一个原生态的文化居所。设计师贾雅 · 易卜拉欣表示："这个村子已经很美了，所以我要做的，只是尽量保持它原来的样子。"

贾雅深入乡村小巷，走访了杭州周边村落、茶园和寺院，设计时力求大小细节都能高度一致。酒店的建筑仿造旧日杭城周边的民居而建，没有雪白的墙壁与精致的庭院，显现出杭州民俗文化中粗犷野趣的一面来——略显乌黑的木制墙壁、歪歪扭扭却牢固的大梁，还有用石头搭成并用黄泥盖着瓦片的围墙。

◀
水疗中心绿意环绕，理疗与自然完美融合

在细节上，酒店也为了舒适的目的做了改造，比如窗户用上了精致的格子窗棂，想必再过几年，应更有旧日民居的气韵。据说其中许多细节之所以能还原到如此逼真，是因为找到了几位懂得古法的匠人，特别是一些泥墙的修缮，要用泥与稻草混合，并要掺杂些糯米增加黏性。

法云安缦的水疗馆分布于 5 间屋舍之中，提供中式按摩与足部理疗服务。酒店的水疗项目中有一款名为 Bamboo Stick 的治疗与其他家的略有不同，采用浸满了精油的竹棍按摩人的身体，显得更有亲和感。客人可以尽情地享受草本护理的滋养。在疗程之后，配合酒店每日的太极课程，养生循序渐进，方可见效果。

扫码预订

SPA P

酒店地址：浙江省杭州市西湖名胜区西湖街道法云弄22号
预订电话：400 120 2612
参考价格：约5700元/晚起

博舍 谧寻水疗

推荐指数

值得专程前往

百年历史建筑内的谧寻

◀
内部装潢有别于其他水疗，大气简约

成都全新风尚购物中心内伫立着一座百年历史建筑——章华里 7、8 号院，谧寻水疗中心就位于这里头。它的前身是大慈寺历朝的桑院，于民国时期改建为民宅，因此水疗中心室内仍保留了川西民国建筑风格，营造出宁静清幽的氛围，犹如繁华都市中的一片宁静绿洲。

谧寻占地 900 平方米，设置有 11 间护理室，包括 4 间标准护理室、5 间豪华水疗套房及 2 间 VIP 体验套房，另外还有茶室及零售商店。在这里，你不仅可以品尝到精致的茶点，还能选购心仪的产品带回家，使养生体验得以延伸。

◀
幽谧的环境更适合藏匿于此

谧寻精心挑选优质水疗护理品牌，采用国际知名的悦碧施（Natura Bissé）、Mesoestic、Thémaé 及 Refinery 等产品。其中，首度在中国亮相的 Thémaé 品牌利用四种茶叶提取精华制作美容护肤产品。明星产品悦碧施的钻石高效面部护理可以让肌肤焕发光泽。最具有四川地域特色的是，谧寻的身体按摩借助经特殊处理的竹棍进行，以达到护理效果。

水疗中心的其他设施，包括远红外线桑拿、摩洛哥温泉矿物泥蒸汽、草本浸浴等，都可以带来别致的体验。考虑到现代时尚男士们的养生护肤需求，谧寻水疗还推出了一系列男士专享疗程及一间男士专享理发室。提供包括针对性肌肉按摩、面部、背部护理及特色护发修面等服务，让男士也可以充分放松身体。

扫码预订

SPA P

酒店地址：四川省成都市锦江区笔帖式街81号
预订电话：028-66369999
参考价格：约1900元/晚起

最惬不过汤泉水

最佳温泉酒店篇

哪里有上好的温泉，哪里就有一流的温泉酒店

越来越多的精品设计酒店开始将“乐活”元素融入酒店的设计之中
温泉酒店正是其中的代表

一家温泉主题设计酒店的好坏
不仅与泉水的优劣有关，更关乎泡池设计的私密度与舒适性
房间内就带有泡池，更是时下讨巧的设计方式
甚至管家会在你回房前，就放好一池温度适中的温泉水
有些泡池则分布于相对独立的空间中，甚至江畔山间等无人之境

回到自然的牵引之中，就是设计师对于旅行意义的理解

关于温泉，要自杨贵妃与唐玄宗的骊山之恋说起——

◎西安华清御汤酒店　◎腾冲隈研吾·石头纪温泉 Villa 度假酒店　◎界·日光
◎庚斯博罗温泉酒店

西安华清御汤酒店

千古风流华清汤

自西周时起，骊山一地的火山已沉寂几千年，周幽王曾在此地修建骊宫；秦始皇亦看上此地的温泉，以石筑室名为骊山汤；汉武帝以骊山温泉为基，建宫于此，称汉离宫，此不过是骊山温泉之序曲。到了唐代，唐玄宗与杨贵妃常住华清宫，为这里赢得了“天下第一御泉”的美誉。

华清御汤酒店立于华清宫根基之上，为一宫九苑的结构，以新唐宫风格的皇家别苑为蓝本兴建而成。与其气派的宫式建筑形成对比的是正门匿于景区旁，门头不显，如果过去的时候找不到还可以给酒店打电话，会有管家出来迎接。

依山傍水，园林环绕，一直是中国人向往的理想居所，而在唐风园林里泡汤，更是在其他地方不能获得的美好体验。宝积池旁的院落，有 16 个大小不一的汤池，均以自唐代保留至今的圆润浴池为灵感设计而成。汤池美貌与盆景鱼塘组成的山水景观相得益彰。

不用出房门，室内就有单人汤池。上方排水，下方出汤，设计合理，即使久泡也无须担心水温。汤池内使用了类肤质感的墨玉石，人泡在其中，触感极佳。竹制窗帘影影绰绰地透着外面的光，镂空的石雕又增加些许动感。在轻雾缭绕的环境中，亲身体验与杨贵妃当年相同的温汤，称得上“春寒赐浴华清池，温泉水滑洗凝脂”。

酒店大堂的设计十分大气，尽显旧时帝王之所的气派。大堂内用的是新中式的风格，放有众多有趣的小物件供人欣赏把玩。且厅堂挑高三层，设置了水廊、吊灯，于室内还原出大唐盛世的帝宫一景。

在新唐宫风格的别苑中，打造了 9 个不同主题的苑区，每一处都有不同风景。最好的观景方式要数登高望远，可以看到华清宫的全景：青砖、灰瓦、红墙。

▲
在幔帐独立的庭院中私享独立汤池

▶
16 个大小不一的公共汤池

▼
房间内可以学习香道

酒店狭长，占地不小。来回出行均以接驳车代步。一路开来，穿梭在一幢幢别苑和楼阁之间，别具韵味。

客房面积均匀，家具以木质为主，是比较简洁的新中式风格。窗户前端一盏花瓶造型的灯活泼有趣，两只小鸟对视着，仿佛在畅聊什么。

在起雾的日子里，看骊山云雾缭绕，回想旧时帝王所泡的汤池，如今却已落入寻常百姓家，不禁让人心生感慨。

▶ 趁华清宫门未开时独享整个华清池

扫码预订

SPA P

酒店地址：陕西省西安市临潼区华清路038号
房间数量：95间
预订电话：029-83999955
参考价格：约1295元/晚起

腾冲隈研吾·石头纪温泉度假酒店

隐居腾冲秘境

◀
隈研吾将几何线条建筑与山水融为一体

位于滇滩镇云峰村的石头纪，以道教圣地云峰灵验山为背景，在主峰往东的半围合谷地“不老谷”中铺陈开来，风水绝好。

日本设计师隈研吾在这块秘境般的乡野之地，用他著名的“负建筑”理论，设计打造了宛若从土地上生长出来的建筑群。占地面积约33公顷的石头纪度假酒店，是他在中国最早的酒店项目之一，也可以理解为这是在《负建筑》中提出疑问的隈研吾试图探寻的答案。每栋别墅都配备了双人水疗房间，而室外温泉泡池放水前的祈福仪式，据说是对灵验山道教祈福的呼应。

◀
院中的泡池由整块花岗石切割雕刻而成

放置在院子花草树木中的泡池，每个都采用整块花岗石切割雕刻而成，以寿桃和葫芦为两种基本形状，并剖出一块置于泡池旁，如同一个掀开的盖子，亦可用作卧榻，夜晚泡过温泉即可躺在上面。

腾冲空气好、星空低，繁星如同在眼前铺陈开来，人完全地融入了大自然中，在这里，穿衣服都是多余的，须得赤裸，才能感受那种久违的天人合一的舒坦。事实上，这正是酒店所致力提供的度假方式：在与自然的亲密相处中解放自我。

扫 码 预 订

SPA P

酒店地址：云南省腾冲市云峰山景区
预订电话：0875-5898888
参考价格：约3800元/晚起

界·日光

推荐指数

值得专程前往

中禅寺湖旁清酒温泉

从东京乘坐新干线，或搭乘酒店在东京站设置的接驳车，只消两个多小时便可到达界·日光。“界 KAI”是日本星野集团的中高端品牌，主打日式温泉旅馆。不同于传统日式温泉旅馆只能扎根本土，一旦国际化便水土不服的特点，星野集团有着接轨世界的决心。

1914 年，星野家族第一家温泉旅馆诞生。而 2014 年开业的界 · 日光，便是凝聚星野百年旅馆运营经验的精华之作。界 · 日光的选址非常精妙，客房可以眺望中禅寺湖和男体山，这是电影《失乐园》的取景地。酒店坐落于只有 2 万多人口的枥木县，平日更多的是前来避暑和旅游的东京人。

通过奢华的榻榻米走廊，可以来到面积达到 60 平方米以上的客房。为了照顾各地旅人，所有客房都在榻榻米的基础上准备了床榻，防止日式床具给旅客带来的不适感。除此之外，其余一切都虔诚地贯彻着日式理念。

客房内可以找到“风吕敷”，这是一种日本传统的澡巾，用它能用来包裹或像手提包那样盛装物品。酒店想让客人体验纯正的日式出行。

星野集团一共拥有 14 家“界 KAI”系列的酒店，而每一处，都设有能够充分感受到当地地域文化的特色房间。界 · 日光的本地特色房是“鹿沼组子客房”。“鹿沼组子”是日光东照宫的木匠们用各种大小的木片拼接成的木窗等物件上的一部分花样的工艺。

这种制作工艺在江户时代的枥木一度盛行。当时为了建造东照宫，鹿沼市会聚了大量木匠。如今，鹿沼市以精美的木工著称，而鹿沼组子重是其中的经典。透过装有鹿沼组子的木窗，客人可以眺望中禅寺湖的美景。在这里，还可以自己动手制作小套鹿沼组子杯垫。这是酒店充分发挥在地优势，为客人提供的独特在日体验。

◀
房间中远眺中禅寺湖

◀
木质与岩石结合的室外温泉

◀
室外岩石温泉夜景

在界·日光，早餐时，可以享用豆乳火锅；晚餐则可享用以栃木县才能采掘到的大谷石制成的器皿所烹饪的包含豆腐皮的主菜。

温泉旅馆少不了“泡汤”。在室内，有桧木或岩石材料的浴缸可以选择；在室外，男女交替使用的温泉“白糸”，于早晚两次推出限定的日本酒。

温泉中加入二荒山神社的御神酒，具有祛除疲惫、美容养颜的功效，也被日本女性称为“最好的化妆水”。

▶ 现代极简的室内风格

扫码预订

酒店地址：日本栃木县日光市中禅寺2482-1
预订电话：00(81)50-3786-1144
参考价格：30000日元/人/晚起

庚斯博罗温泉酒店

得天独厚的巴斯泉水

◀
浓郁欧式贵族风的水疗中心外观

庚斯博罗酒店，坐落在巴斯水疗村的中心，享受着自然温泉的得天独厚的优势。据说约 1 万年前，雨水渗透到地下 2000 米深处，不断受到热岩的加热，最后通过巴斯中心三处有名的温泉眼喷涌而出。泉水中含有大约 42 种矿物质，有助于肌肉的放松和皮肤的滋养。

酒店建筑是两处建于 18 世纪的二级保护建筑，最初是作为皇家联合医院和贝罗特医院而建，位于世界文化遗产地的心脏地带。纽约的著名设计团队 Champalimaud Design 既尊重历史又发挥灵感，为酒店打造了包括蒸汽、汗蒸、干蒸、冰室等多种模式的桑拿区，以此复活遥远的古罗马时代浴场。客房具有明显乔治王时代和维多利亚时代特色，房顶高、床品精致而奢华。一进门，收音机便开始播放古典音乐，使人刹那间产生穿越之感。客房和套房的定制家具，十分注意细节，富有古典美又兼具现代风格，让挑剔的旅客都爱不释手。

◀
完美的理疗环境只需要多一个贴身管家

同时，这里还有巴斯温泉房或疗养性巴斯温泉套房，也是英国少有的提供滚顶浴缸凹室并可在浴室内体验自然水疗的客房。入驻酒店的客人，除了享受酒店的桑拿，还可以免费使用周边的巴斯水疗村。

扫 码 预 订

酒店地址：英国巴斯市Beau 街BA11QY
预订电话：44(0)1225 358 888
参考价格：约290欧元/晚起

最珍贵的时光

最佳亲子酒店篇

一个人走过很多山山水水，可以很随意
但陪着小朋友看世界，就有着别样的意义

每一次带着孩子的家庭出行
都会有完全不一样的考量，纠结的都是细节
是否有适合小朋友的可口食物、儿童乐园是什么样子
是否能亲近自然野趣，以及可以参加什么样寓教于乐的活动……

无论是位于海边、山中或者城市里
酒店总与所处的环境有着密切的关联
酒店是一个港湾，能够为孩子们带来惊喜，让他们认识安全而不同的新鲜世界
也能让大人终于从照顾孩子的拘束中被解放出来，好好放松
享受一段美好的亲子时光

◎阿丽拉 · 安吉　　◎亲子 – 美齐山野温泉酒店
◎惠州小径湾艾美酒店

阿丽拉·安吉

融合竹林的孩童天堂

安吉有青山绿水，《卧虎藏龙》便是在此取万顷竹海为景。阿丽拉耗时近 10 年，辟深山一地，藏 74 栋徽派别墅于竹海中。周边生态优美、环境适宜，尽显阿丽拉善用地理位置，让人惊喜的度假美学。外人要想进来还算容易，阿丽拉斥资修建的 12 公里盘山临水的柏油小路让一切变得十分方便。对小朋友来说这段路是充满惊喜的，他不会知道下一个转角会有什么样的美景，也很难想象有成片的现代建筑位于路的尽头。

在符合孩子个性的起居住所，看苍翠的竹林密布，点缀红黄两色树叶、层林尽染的山色是给他们的第一重惊喜。其中一栋别墅外表与周边建筑别无二致，差别只在墙上挂着一块由酒店总经理儿子所写的 Kids Club（童聚）牌匾。内部经过改造，集影视、沙坑、绘画等多种功能于一体，由专人看护，是一个只属于孩子的世界。卫生间都是专为小童定制，较低的洗手台、迷你的坐便器、鲜艳的配色……一切细节只为儿童。

画糖画、做糖人、皮影戏这些平日令人感兴趣却难以亲身体验的活动在这里都有专人负责，还能让每位预约的小朋友都亲身参与，而非只是一旁观看。体验与参与感是阿丽拉带来的第二重惊喜。孩子总想不走几步就能亲历自然，累了又能回到温暖舒适的房间。阿丽拉的接驳车能将人带到柏油路的尽头。向前有泥土、竹林和湖水透露出的纯正野趣，向后就是现代温馨的酒店，巧妙的安排让鱼与熊掌可以兼得。

在起家之地东南亚，原创的水疗是阿丽拉最大的特色之一，自主研发的 Alila Living 精油在这里也可以体验到，还能亲子同时享受全套水疗。家庭在预订时，最好提前与酒店沟通，酒店会贴心地准备好拼插玩具、全套儿童洗漱用品、小浴袍和小拖鞋。

青山如画、绿水如镜，厌倦城市的家庭能在藏身竹海的徽派小院中，体会到最具野趣的亲子时光。

▲
安吉山水景色映入阿丽拉餐厅内

▶
面对湖景的别墅房间一角

▶
“童聚”内厨师正在教授小朋友甜点的制作方法

▶
正对山景的别墅浴室

扫 码 预 订

SPA　P

酒店地址：浙江省湖州市安吉县杭垓镇梅子湾旅游风景区

预订电话：0572-5133566

参考价格：1800元/晚起

亲子 | 美岕山野温泉酒店

独享森林的树屋酒店

一家带着人文情怀的酒店，就好像一位亲切的朋友。初次相识，却如同故人归来

◀
在茶园步道中体验骑行的乐趣

◀
季节合适时在茶园中亲自采茶的住客

美岕山野温泉酒店，提倡山里隐居，亲近自然的态度。人站在山脚仰望，山林、水塘、古堡景色如画，山上的生活安逸静谧。

客房均为树屋，支架被密林遮蔽，高度与树梢齐平，正对2500亩的森林。人们需要经过一段悬空的步道才能进入室内，其中最大的亮点在于面向山林的阳台。露台的窗外风景很宽广，树林几乎触手可及。大部分客房的露台上都会有一个泡池，水龙头中流出的都是深挖自1800米地下的温泉原汤。要是感觉室内太过狭小，酒店也拥有室外温泉。它们位于山坡上，富有野趣，出于与自然融合的理念，山林树木近在咫尺。在泡温泉时，能与一片落叶不期而遇。

在清晨的林间步道上环山一周，只要打开房门就可能在不经意间与小动物邂逅，也可以去半山的手工坊尝试蓝染或是参与将山上野花做成香薰蜡皮保存的手工活动。这里还有一片茶园，在春天小朋友能够和大人一起采茶炒茶，做一回茶农。夏天还会迎来一群特殊的客人：这里有持续约一个半月的“萤火虫季”。每当夜幕降临，再不羁的小朋友都会被这些闪闪发光的小精灵所吸引。不同时节，你可以挖冬笋、打板栗、采摘黑米、喂养动物……从这些结合当地特色的多样活动中，能体验到不一样的野趣。

扫 码 预 订

SPA P

- 酒店地址：江苏溧阳戴埠镇戴南村溧阳美岕山野温泉度假村
- 房间数量：34间
- 预订电话：0519-87908008
- 参考价格：1988元/晚起

惠州小径湾艾美酒店

推荐指数

目的地推荐

北纬22度的海边探险

酒店周围充满迷人的亚热带自然风光，棕榈树、椰子、阳光，让人一秒就进入度假氛围

◀ 酒店翼型的设计外观

◀ 设施齐全的家庭室能带给孩子愉快的体验

铂金沙滩上的小径湾延绵数里，惠州小径湾艾美酒店就坐落于此。

酒店的297间房全部都可以看见海，拉开窗帘、走上阳台，海景180度呈现在眼前，释放出南海的魅力。

在海边少不了户外的水上活动，冲浪、划水、帆船，唤醒每个家庭的运动热情。

小径湾艾美酒店还有特别的艾美家庭计划，室内外活动中心的乐高积木、各式各样的玩偶给家庭减轻了出行负担。儿童室外泳池与沙滩上的秋千丰富了儿童俱乐部的形式，各式水上项目带给孩子们美好的夏天体验。

对于热衷于带孩子探索世界的家庭而言，在此还可尽情感知海洋与文化的魅力。酒店附近的铁涌生蚝养殖基地、海龟自然保护区等都可以带给孩子新颖的科普体验。

扫码预订

- 酒店地址：广东省惠州市小径湾1号大亚湾霞涌
- 预订电话：0752－5556000
- 参考价格：约1288元/晚起

北京

颐和安缦
北京宝格丽酒店
新国贸酒店
北京国贸大酒店

上海

养云安缦
朱家角安麓
上海苏宁宝丽嘉酒店
上海建业里嘉佩乐酒店
上海 外滩 W 酒店
璞丽酒店
上海静安瑞吉酒店
上海新天地朗廷酒店
上海浦东四季酒店
上海浦东香格里拉大酒店
上海 The Drama 戏剧主题酒店

广东

惠州小径湾艾美酒店

浙江

法云安缦
绍兴兰亭安麓
千岛湖安麓
罗莱夏朵·杭州紫萱度假村
宁波柏悦酒店
杭州所见·西溪度假酒店
简象酒店
南浔花间堂·求恕里

云南

大研安缦
松赞丽江林卡
千里走单骑·雪山庄园
建水维笙和院
大理既下山·拾山房
丽江墅家玉庐雪蒿院
腾冲隈研吾·石头纪温泉 VILLA 度假酒店

四川

博舍
成都青城山六善酒店
成都尼依格罗酒店
成都华尔道夫酒店

重庆

重庆尼依格罗酒店

江苏

南京颐和扬子饭店
南京颐和公馆
苏州 W 酒店
溧阳天目湖 WEI 酒店
阿丽拉·安吉
亲子美芥山野温泉度假村

陕西

西安华清御汤酒店

海南

三亚保利瑰丽酒店

西藏

松赞拉萨曲吉林卡

广西

阿丽拉阳朔糖舍

湖南

长沙瑞吉酒店

香港

The Murray

澳门

澳门新葡京酒店

欧洲

GORALSKA HOTEL PARIS BASTILLE
HOTEL NATIONAL DES ARTS & METIERS
Palazzo Venart 水之都
巴黎瑰丽酒店
庚斯博罗温泉酒店

亚洲

特瑞萨拉
Palazzo Versace Dubai
界·日光
Velaa 私人岛酒店
普吉岛迈考安纳塔拉度假村